Johannes Poethen

Der Atem Griechenlands

Johannes Poethen

DER ATEM GRIECHENLANDS

claassen

Diese sieben Essays
entstanden als Arbeiten für den Rundfunk
in den Jahren von 1964 bis 1976.
Teile daraus
erschienen in Zeitungen und Zeitschriften.

1. Auflage 1977

Gesetzt aus der 10/12 Punkt Garamond der Linotype GmbH
Papier: Papier- und Folienfabrik Schleipen GmbH, Bad Dürkheim
Gesamtherstellung: Druckerei Gebr. Rasch & Co., Bramsche
ISBN 3 546 47547 x

Inhalt

Der Atem der Götter

»Wer einmal Griechenland gesehen hat, trägt in seinem Herzen die Erinnerung an ein Lichtwunder. Keine Strahlenglut, von der man die Augen abwenden muß, kein brennendes Farbenspiel, sondern leuchtende Helligkeit überall, die Nähe von der reinsten Klarheit umflossen, und noch die fernste Ferne deutlich. Gebirge breit und hochragend bis in die Schneeregion, aber nicht in wilden, ungeheuerlichen Formen, sondern königlich in ihrem Wuchs, mit geistreichen Konturen, so steigen sie auf aus dem Spiegel des Meeres, das mit seinem freudigen Glanz und seinen zahllosen Inseln von jedem höheren Punkte des Inlandes sichtbar ist. Eine Welt des Auges und des Schauens, als hätte das Licht des Äthers selbst sich hier in der reinsten Erdgestaltung einen Spiegel geschaffen, das heitere, festliche Licht, das die Augen nicht zum Träumen einlädt, sondern mit seiner strengen Klarheit für die Wachen und die Erkennenden ist. Hier gibt es nichts Zierliches, Gemütvolles, Behagliches, kein romantisches Halbdunkel, hier gibt es nur das Große. ... Wenn je die Natur eines Landes und Himmelsstriches den Gedanken nahelegt, daß ihr Geist die menschlichen Bewohner erweckt und erzogen habe, so gilt dies für das Land der Griechen.«

Diese Sätze schrieb Walter F. Otto, der deutende Biograph der »Götter Griechenlands«. Als ich zuerst von ihm hörte, raunte man mir zu, er glaube noch an die griechischen Götter. Wie kennzeichnend ist dieses nordisch-abstruse Mißverständnis für viele und vieles, kommt die Rede auf die antike Götterwelt. Als wäre sie mit einem ganz fernen Stern versunken, so weit her und ohne Ahnung kommen die Vorurteile. Aber ohne die griechischen Mythen: was gäbe es – zwischen Physik und Metaphysik – von unserer heutigen Welt?

Walter F. Otto, der Mentor meiner Reisen zum »Lichtwun-

der«, hatte den griechischen Blick wie wenige sonst seit Hölderlin. Nicht nach innen gewendet waren seine Augen, Nabelschau und introvertierte Spekulation kannten sie nicht. Sie nahmen, konkret im Hinsehen, aus den Erscheinungen Epiphanien wahr – die Alten hatten in ihren Mythen und ihrer Dichtung von solchen göttlichen Epiphanien berichtet. Walter F. Otto besaß die Gabe, durch das Äußere dieser mythischen Bekundung, das uns Späte oft verwirrte, hineinsehen zu lassen in ihre innere Bedeutsamkeit. So traten, aus erniedrigten, abstrakt gewordenen Schemen, die Götter wieder gereinigt in ihrer Fülle hervor. Ihm, dem Deuter, waren sie nicht, wie Hölderlin, dem Dichter, versengend in ihrer Gestalt erschienen, aber er hatte ihren Abglanz deutlich wahrgenommen in der Landschaft, aus der sie gekommen waren; und er hatte ein Leben lang über ihr Sein nachgedacht, über »die Wirklichkeit der Götter«.
Aber er glaubte nicht an sie, so wenig die Griechen an sie geglaubt hatten; denn eine solche Kategorie traf und trifft nicht ihre Realität. Was ich mit dieser Behauptung meine und mit der anderen, der Abglanz der Götter sei noch deutlich in ihrer Landschaft wahrnehmbar, das soll der folgende Versuch zeigen. Zunächst aber eine kleine Abschweifung in die Geschichte: An den Kaiser Julian, den die einen »den Abtrünnigen« nennen, die anderen den »Erleuchteten«, erging von Delphi der letzte Orakelspruch:

»Saget dem König, zu Boden
gestürzt liegt der prächtige Hof.
Phoibos besitzt kein Dach mehr
und keinen prophetischen Lorbeer;
still ist die sprechende Quelle, das
sprechende Wasser erloschen.«

Das war in den 60er Jahren des vierten Jahrhunderts; 393 trafen sich zum letztenmal die Spieler in Olympia; 529 wur-

den die Athener Philosophenschulen geschlossen – drei Daten im langen Sterben der griechischen Götter.
Sie sterben, wenn nicht alle Zeichen trügen, noch heute. Damals wurden sie vertrieben mit christlicher Grausamkeit und philosophischer Akribie, aber eben doch nicht gründlich genug. Sie gingen in den Untergrund, ins Unterbewußte der Völker, wo sie – fratzenhaft verzerrt, wie man sie nun ansah – die niederen Träume ängstigten. Manch einer, dem die Sinne noch immer geschärft genug waren, mag ihren Ruf auch durch die Maskierung vernommen haben; und er hüllte vielleicht das Alte ängstlich in die gerade moderne Verkleidung. Antiker Schein leuchtet, den Wandlungen der Epoche angepaßt, schon merkbar durch die höfischen Spiele der ersten, der staufischen Renaissance. Die zweite, die eigentliche Renaissance ergreift mit herrischem Selbstbewußtsein die römische Version des Hellenischen und meißelt sie sich für die eigene Vision zurecht. Klassizismus, Rokoko, Weimarer Klassik – schier unerschöpflich für die neuen Versuche und Imitationen ist das Reservoir der lateinischen Vorbilder und des späten Griechentums. Wie fruchtbar war schließlich doch die mißverstanden-verniedlichte, vielbelächelte »edle Einfalt und stille Größe«. Goethe, das oft umdeutelte, immer noch rätselhafte Massiv: sein Fuß reichte bis Rom, die Götter blieben ein Wetterleuchten von jenseits der Adria. Aus all den Wiederentdeckungen, fündigen Tastversuchen, Erscheinungen aus zweiter Hand und schon wieder dürren Frömmigkeiten kam – selbstverständlich unerkannt, mit Notwendigkeit abgewehrt – das »Rätsel«, das »rein entsprungne«: Hölderlin. Walter F. Otto sagt dazu:

»... ihm hat sich die Gottheit in Gestalten geoffenbart, ihm allein, geoffenbart im eigentlichen Sinne des Wortes, nicht durch traumhafte Gesichte und Ahnungen, sondern mit solcher Unmittelbarkeit und Macht, daß er wie vom Blitz getroffen wurde und um Schonung bitten mußte, um nicht zu vergehen. Wir stehen hier vor dem Urgeheimnis der unmittelbaren Begegnung von Mensch und Gott. Hier sind alle Gleichnisse plötzlich Realität und Wahrheit geworden ... seit den Zeiten des Griechentums hat kein großer Dichter und Künstler diese Begegnung wieder so erlebt wie Hölderlin.«

Das Sterben der Götter durch die Jahrtausende ist voll Glanz und trächtiger Lebendigkeit. Selbst die anatomischen Untersuchungen mit dem Philologenskalpell, selbst der immerwache Scharfsinn der Theologen, ja sogar das edelkitschige Imitieren niedlich-verzückter Engbürgerhirne konnte dieses Sterben auf Dauer nicht töten. Immer wieder bricht aus ihm ein Leuchten auf, oder es entzündet sich daran eine neue Flamme – Kleist, Platen, John Keats, Theodor Däubler, Hofmannsthal – die Mythen sind reich, jeder trägt das Seine heim: Omnivalenz der poetischen Antworten auf den vielgestaltigen Anruf griechischer Mythologie. Hölderlin wurde Prophet für George, dessen Kreis ihn wiederentdeckt hatte; er wurde Eröffner neuer poetischer Möglichkeiten für Rilke und Trakl. George, hieratisch abweisender Block, hellenistisches Imperatorenpathos im Gewande des Jugendstils, untergründige Verbindung zur Gnosis, zur Zahlenmystik, zu geheimer Männerbündlerei – eine heute fast gänzlich zugeschlossene Parklandschaft aus Dichtung. Rilke schärft, in Rodins Schule, den die Haut durchdringenden Blick für die griechische Plastik, ihre tiefe Oberflächlichkeit, ihre oberflächliche Tiefe. Und er findet, von Hölderlin befreit, seine eigene Version der Elegie und des Mythos von Orpheus. Und Trakl tastet sich, indem ihm Hölderlins Sprachleib vorangeht, durch die Düsternis seiner Landschaft, die, wie kaum eine seit Hölderlin, mythische Landschaft ist,

so entfernt sie den Alten und Hölderlins Mythen auch sein mag.
Das Sterben der Götter, sein blasser Widerschein, seine grelle Verleugnung, die es erst recht nachweist, zieht sich auch durch unsere Jahrzehnte. In welcher Verkleidung auch immer Orest über die Bühne geht oder auf der Leinwand erscheint, Medea, Iphigenie, Orpheus – sie bezeugen dieses Sterben, das nicht endgültig sterben kann. Und er, dem »es ist schon spät« und »alle Mythen zerrannen«, »gib nun dem Boten die Krone/Traum und Götter zurück«, dem das »Allerseelen – fini du tout«, dem all das artistischer Inspirationsquell war, gerade Gottfried Benn gelang es einmal, in gemeißelter Rhetorik den Augenblick einer Göttin festzuhalten:

»Athene, der Schläfe des Zeus entsprungen, blauäugig, mit glänzenden Waffen, der mutterlose Gott . . . es war der Abend vor den Panathenäen. Die von den Quellen, die von den Terrassen der Berge, die von den Grabhügeln in den Sümpfen um Marathon; die von der See kamen, waren nach der blitzenden Lanze der Athene Promachos gesegelt, das war das Leuchtfeuer gewesen. Morgen traten sie vor die Bilder und die Statuen und die für das Spiel verfertigten Masken. Alle die Hellenen! Die Hellenen von den Platanen, die meißelführenden, die oresteischen Hellenen! Zwischen ihnen nun verschwand Pallas, mutterlose Göttin, wieder gerüstet und allein.«

Nach ihrem erleuchteten, wandlungsreichen Siechtum im Hellenismus, geätzt von der Zweifelsucht der Philosophen, immer neu angestrahlt von schwer tilgbarer Frömmigkeit, nach einem Jahrtausend scharfsinnig-grübelnder und wütend-verbohrter Verfolgung durch den siegreichen Glauben, nach den Triumphen der Aufklärung über den Aberglauben, nach der rationalistischen Wissenschaft, die uns Mondflug und atomare Sonnen bescherte: wie kommt es, daß die Götter der Griechen, die Mythen der Alten immer noch nicht ihren letzten Tod gestorben sind: Auf einen der Gründe dafür weist Erich von Kahler hin. Dieser Grund kommt ganz aus unserer aktuellen Lage, aus der er plötzlich sichtbar wurde. Erich von Kahler schreibt in dem Essay »Das Fortleben des Mythos« 1945:

»Es gibt eine Grundschicht des Kosmos und des Menschen, die der Ratio nicht zugänglich ist. Daß die Naturwissenschaft selbst in ihrem eigensten Verfolg an diese Grenze geraten ist, dies wird sich mehr und mehr als die grundlegende Erfahrung unseres Zeitalters erweisen. Der hoffärtige Traum einer rein rationalen Erfassung der Realität ist zu Ende. Denn die wissenschaftlich festgestellte Tatsache, daß es eine transrationale Schicht der Realität gibt, macht die Gültigkeit rein rationaler Ordnung überhaupt und generell verdächtig.«

Das ist, wie gesagt, für unsere aktuelle Situation gültig. Es beantwortet die Frage, weshalb sich überhaupt Mythen bis in diese Zeit – nach allem, was vorausging – halten konnten. Weshalb aber waren es – ebenfalls nach allem, was vorausging – gerade und insonderheit die der Hellenen? Weil sie, wo nicht von Dichtern durch Musenmund empfangen, so doch von Dichtern geformt, gesammelt und von Dichtern weitergebildet, von Künstlern und Architekten ins helle Licht gestellt wurden. Das ist der eine Grund. Mit einem weiteren beschäftigt sich dieser Essay. Die Frage und die darauf antwortende These heißt: Wie sollten die Götter und ihre Mythen sterben können, solang noch einer ihrer Ursprünge, in den sie sich zurückgezogen haben, unzerstört und seit den alten Zeiten fast unverändert weiterlebt: die griechische Landschaft. Sie ist einer der Gründe, aus denen die Götter einst den Dichtern und Mythographen erschienen sind. Der Atem dieser Landschaft, ihr Anhauch, ihr Rhythmus und ihre Melodik, etwas, das nun nicht mehr Göttergestalt wird, lebt gleichwohl noch heute in ihr. Die Strahlkraft brennt nicht mehr stark genug in unseren Sinnen, die Götter mit Namen wiederzuerkennen oder neu zu erkennen, ihre Gestalten anders zu sehen als ins Dichterische verborgen und reduziert. Und doch kommt der Anhauch aus dieser Landschaft mit solch klarer, eindringlicher, unabweisbarer Intensität, daß nur die Sinne, die von den Gegenkräften ganz zugeschüttet sind, sie nicht mehr verspüren. Es ist ein Wehen, eine Tönung, eine Lichterscheinung so übermächtig, als fehle nur wenig noch, und es stünde wieder gestalthaft vor dem nun ganz eröffneten Anblick. Wie also sollten die Götter und ihre Mythen endgültig sterben können?

Die Dichter im heutigen Griechenland stehen – offensichtlich noch bedrängter als die in der übrigen Welt – vor einem doppelten Dilemma: zwischen den Ansprüchen und Widersprüchen der Moderne einerseits und ihrer Vergangenheit, der byzantinisch-christlich-antiken andererseits. Und dies wird verschärft und erst zur Bedrohlichkeit, weil diese Dichter ständig und unübersehbar konfrontiert sind einer Landschaft, in der die alten Mythen durchaus gegenwärtig wirken – und wenn man dieses gegenwärtige Wirken Schlaf nennt, dann ist es ein aggressiv-fordernder, ein in all seiner kühlen Unnahbarkeit in jeder Stunde spürbarer Schlaf. Der Dichter Giorgos Seferis ist, seine ironisch-poetischen, leidenschaftlich-melancholischen Rückwendungsversuche sind nur ein bekannter gewordenes Beispiel für eine Dichterexistenz im heutigen Griechenland.

»Eine in all ihrer unnahbaren Kühle aggressiv-fordernde Landschaft« – ist schon unsere normale Vorstellung entwöhnt, in den Göttern mehr zu sehen als blasse Allegorien und die Schemen ferner Sagenerinnerung, wieviel mehr überfordert ist unsere normale Erlebnisphantasie gegenüber einer solchen Landschaftsauffassung. Welche Art von »Natur« wird hier gefordert, welche Art von Sinnlichkeit, sie aufzufassen, ist hier gemeint?

Für das Christentum war die Natur lange Zeit nur ein Demonstrationsarsenal, eine Beispielsammlung für das rohe, bildliche Erfassen der Heilslehre: der Löwe zum Beispiel war nur insofern bemerkenswert, als an ihm die Kraft Christi demonstriert werden konnte. Diese Naturauffassung ist hier nicht gemeint. Auch nicht die der christlichen Mystiker, die vor der Welt zur Versenkung der Seele in die Natur flohen, dort häufig abgelenkt und gestört von den Dämonen, die da hausten. Gemeint ist auch nicht die Natur als Schöpfung, den Menschen gegeben, sie sich untertan zu machen, gemeint ist auch nicht das »Retournez à la nature« des Jean-Jacques Rousseau. Natur ist hier keine sentimentalische Kulisse, kein Gesundheits- und Relax-Gehege, kein Terrain für Botanisiertrommel-Seligkeit und nicht Objekt der rationellsten Ausbeute. Das Christentum hatte die Natur, ihre sphinxhafte Rätselgewalt, auf seine Weise sub specie aeternitatis gebannt. Mit der Befreiung im achtzehnten Jahrhundert, nachdem der erste Genierausch verflogen war – Goethe steht auch hier seltsam fremd, modern und anachronistisch zugleich in der Entwicklung –, nach den ersten »Natur, nichts als Natur«-Rufen nimmt sich bald die Wissenschaft ihrer an; Zug vor Zug erobert sie, was mit ihren Mitteln zu erobern war: bis zum krisenreichen Gipfeldesaster in unseren Tagen. Was nicht von der Wissenschaft erobert werden konnte, das »Eigentliche« der Natur, ihr »Wesen«, entzog sich mehr und mehr. Die Dichter, bei ihren Versuchen, der Flüchtigen zu folgen, entwickelten immer raffiniertere Techniken, bis sich ihnen draußen und drinnen ineinanderschob: ein großer, rätselhafter »Weltinnenraum« tat sich auf. Die Wege nach außen, die direkten waren versperrt; man suchte die indirekten, die nach innen, in die Psyche.

»Die Natur liebt es, sich zu verbergen«, schrieb Heraklit. Ihre schillernden Offenbarungen beantworteten die Alten mit dem schillernden Reichtum ihrer Mythen. Der schillernden Verborgenheit, als welche die Natur den neuen Dichtern erschien, setzten diese die schillernde Hermetik ihrer Dichtungen gegenüber.

Aber es gab auch Versuche, sich der Natur mit einer Art von poetischer Wissenschaftlichkeit zu nähern, wobei eine Schwierigkeit unter vielen darin bestand, in der Annäherung erst essayistisch die Methoden des Näherkommens zu entwickeln und dabei den ganzen Vorgang auch noch zu beschreiben. Ein faszinierendes Beispiel hierfür ist und gibt Robert Musil. In seinem Roman »Der Mann ohne Eigenschaften« beschreibt Musil die Hilflosigkeit des skeptisch fühlenden, kühl beobachtenden und gleichwohl in das Erlebnis eingesenkten Menschen:

»Wenn Ulrich eine Blüte betrachtete – was nicht gerade eine alte Gewohnheit des einstmals Ungeduldigen war –, so fand er jetzt manchmal des Ansehens kein Ende und, um alles zu sagen, auch keinen Anfang. Wußte er zufällig den Namen zu nennen, so war es Rettung aus dem Meere der Unendlichkeit ... Doch konnte es auch anders kommen und geschehen, daß sich Ulrich einem solchen Zweiglein und Blütlein verlassen und ohne Helfer gegenüber fand ... dann schien es ihm mit einemmal ganz unmöglich zu sein, das helle Grün eines jungen Blattes zu verstehen, und die geheimnisvoll begrenzte Formenfülle eines kleinen Blütenbechers wurde zu einem von nichts unterbrochenen Kreis unendlicher Abwechslung ... und (er) überließ sich da eher noch der Ohnmacht, eine zum Greifen deutliche Farbe mit Worten zu bezeichnen oder eine der Formen zu beschreiben, die auf so gedankenlos-eindringliche Art für sich selbst sprachen. Denn das Wort schneidet nicht in solchem Zustand, und die Frucht bleibt am Ast, ob man sie gleich schon im Mund meint: das ist wohl das erste Geheimnis der taghellen Mystik.«

Musil meint hier selbstverständlich keine rauschhafte oder sanft überrieselnde Gefühlsaufwallung; solche, wie er schreibt, »Schleudermystik zu billigstem Preis und Lob, die im Grunde ihrer beständigen Gottergriffenheit über die Maßen liederlich ist«, weist er weit von sich. Es geht vielmehr um die Erfahrung und das Beschreiben eines höchst komplexen Zustandes, in dem die Grenzen des Ichs, auch die zwischen Ich und Natur, fließend werden. »Taghelle Mystik«; die einen lassen sie gelten als Vorstufe zur »eigentlichen« Mystik, den anderen ist sie suspekt, ja gefährlich, weil sie nicht in das eine oder andere religiöse oder ideologische Schema zu ordnen ist. »Eine weltlich gewordene Mystik« hatte schon die Romantik gefordert. Etliche moderne Dichter und Schriftsteller sind – jeweils auf ihre besondere Weise – diesen Weg gegangen, um das Rätsel »Realität«, der Sphinx »Natur« einige Antworten zu entreißen. Hier ist nochmals ein Absatz aus Musils Roman:

»Das Meer im Sommer und das Hochgebirge im Herbst sind die zwei schweren Prüfungen der Seele. In ihrem Schweigen liegt eine Musik, die größer ist als alles andere Irdische; es gibt eine selige Qual des Unvermögens, nach ihr zu schreiten, den Rhythmus der Gebärden und Worte so weit zu machen, daß er sich in den ihren fügt; mit dem Atem der Götter halten die Menschen nicht Schritt.«

Damit sind wir dort, wo gefragt wurde: welche Naturvorstellung wird hier gefordert, welche Art von Sinnlichkeit ist ihr gemäß: Meer und Hochgebirge als schwere Prüfungen der Seele; im Schweigen eine Musik, die größer ist als alles Irdische; Unvermögen, danach zu schreiten; Atem der Götter, mit dem die Menschen nicht Schritt halten: Musil erreichte, nach den differenzierten Umwegen des modernen Dichters, eine Position der Natur gegenüber und gleichzeitig in sie hineingenommen, die der griechischen ähnlich ist. Nur – die Alten bestanden immer wieder die Prüfung; sie fanden eine Musik, die der des Schweigens symbolisch entsprach – »symballein« heißt: zusammenhalten – ihr Tanz, ihr Schreiten, gingen mit dem Tanz und dem Schreiten der Landschaft zusammen. Und in den glücklichsten Augenblicken, im »heiligen Nu«, im »Kairós« war ihr Atem und der Atem der Götter eine zwiefältige Einheit. Die Landschaft nicht als ein irgendwo ausnutzbares Gegenüber, Landschaft vielmehr als eine Versammlung von Stimmen, rhythmisch bewegt und gefärbt – »alles ist voll von Göttern«, hatte Thales von Milet gesehen – und darin mit gelösten Sinnen, die nichts erwarten als das Hören der Stimmen, als hineingenommen zu werden in den Rhythmus, die Seele gefärbt von der Färbung der Landschaft: das ist die hier gemeinte Vorstellung von der Natur, das ist die ihr gemäße Sinnlichkeit.

Am Anfang dieses Essays war die Rede von Walter F. Otto, von seinem konkret zupackenden Blick, der in den Erscheinungen die Epiphanien wahrnahm. Ottos letzte Schrift »Die Bahn der Götter«, eine Art platonischer Dialog, ist Fragment geblieben, Otto starb darüber. Daraus einige Sätze:

»Wir wanderten, mein gelehrter Freund und ich, den ganzen Tag durch die Wälder hoch über dem Donautal, wo man keinem Menschen begegnet und den Eindruck bekommt, als wären nie Menschen dagewesen ... Mein Freund, der Archäologe war, kam soeben aus Griechenland zurück, das er nicht zum erstenmal besucht hatte. Aber diesmal war ihm etwas Überraschendes begegnet .. In Delphi ..., angesichts der Riesenfelsen des Parnaß, die über dem Ruinenfeld des Heiligtums aufragen, überkam es ihn plötzlich: hier sind Götter! Aus keinem anderen Grunde ist der Tempel hier gebaut worden als aus diesem, der wahrhaftig sachlich genug war, aber von einer ganz anderen Sachlichkeit als die ist, nach der die wissenschaftliche Forschung fragt ... Was die alten Hymnen von dem Gotte erzählten ... war in diesem Augenblick keine Legende mehr, sondern die einfache Wahrheit, deren Zeugen Himmel und Erde waren ... Der kalte Verstandesmensch, dem kein Hauch des Göttlichen innewohnt, ist wie einer, der mit verbundenen Augen einhergeht. Daher kann es ihm nie passieren, daß er einen Gott oder eine Göttin wirklich sieht .. Drücken wir das für uns bescheidener aus: wenn die Augen meiner Seele für die Nähe des Göttlichen verschlossen sind, wird auch die Gewalt, die davon ausgeht, die beseeligende wie die verderbliche, bei ihm nur ins Leere treffen ... ›Du magst recht haben‹, sagte ich. ›Aber ... wie erklärt sich denn der ungeheure Unterschied zwischen Einst und Jetzt? .. Was wollen wir (denen) erwidern, (die ...) sagen, daß wir, die anderes zu erleben behaupten, noch im Banne eines uralten Mythos, oder richtiger, einer verjährten Illusion stehen ...?‹ ... ›Dein Einwand – schreckt mich nicht. Gewiß, wir sind voreingenommen. Aber doch nicht nur in diesen Dingen, sondern in allem, womit wir uns ernsthaft beschäftigen. Aber heißt das notwendig, daß wir den Erfahrungen, die wir auf Grund unserer Voreingenommenheit machen, nicht trauen dürfen? ... Was unsere Augen wahrnehmen, was unsere übrigen Sinne erfassen, was wir fühlen und denken, all dies mag noch so ursprünglich und eigen sein, es ist uns doch in gewissem Maße schon vorgegeben, denn es steht und bewegt sich innerhalb der Geisteswelt, an der seit vier Jahrtausenden unsere Dichter, Götterboten, Künstler und Denker gebaut haben ... Die Voreingenommenheit, die ich meine, öffnet uns die Augen. Und wenn andere Menschenarten, die sich schon durch Körperbau, Farbe und Physiognomie von uns unterscheiden, anderes sehen und erkennen, so wird dadurch die Echtheit unseres Sehens und Erkennens nicht in Frage gestellt, sondern nur der unendliche Reichtum, die tiefe und unerschöpfliche Mannigfaltigkeit der Weltwirklichkeit offenbart.‹ «

Diese Absätze sind zusammengezogen worden aus einem viel längeren, ausführenden Gespräch, in dem die Argumente und Gegenargumente ihr Thema mit nüchtern-forschender Begeisterung umkreisen. Der letzte Satz des Gesprächs, das privat und überpersönlich zugleich wirkt, die letzte Frage lautet: »Aber was nun?« Sind das nur die intimen Bekenntnisse eines abseitig, wenn auch hochfühlenden Mannes? Kann man dergleichen in die Umzäunung versponnener, ideologischer Träumereien verweisen? Oder ins Wunschbilderreich dichterischer Spekulationen? Oder ist diese Auffassung ein Ausdruck jener Gesinnung, die, des Rationalen und all seiner nicht sonderlich erhebenden, seiner bedrohenden Ergebnisse müde, ins Irrationale flüchtet? Dann wäre es in seiner Art zumindest zeittypisch. Aber nichts mehr? Nichts darüber hinaus?
Zunächst einmal sei festgestellt: Walter F. Otto wollte kein sektiererisches »Zurück-zu«; die naive und kurzsichtige Zurück-zu-Gläubigkeit – zurück zu Goethe, zur Natur, zu den Müttern, wo immer auch hin – Musil hat diese Bewegungen mit treffendem Sarkasmus destruiert –, dergleichen schwammiger Zurück-zu-Eifer lag Otto durchaus nicht. Er hatte

zunächst nur den Ehrgeiz, eine Religion, die unter einem Wust von Verdächtigung, Vorurteil oder Mißverständnis verborgen lag, auszugraben und gereinigt wieder ins Licht zu stellen. Wenn sein Freund, der Archäologe, in Delphi noch heute die Götter fand, so war das dessen Privatsache, jedenfalls kein Grund für missionarischen Eifer. Schon deshalb nicht, weil die Feststellung »hier sind Götter!« nicht eine Folge des Glaubens war, sondern einer – von außen gesehenen subjektiven – Überranntheit von der »Wirklichkeit der Götter«, ihrem »esse«, ihrer »Istigkeit«.
Und damit steht Walter F. Otto nicht mehr allein, vielmehr im Umkreis einer Erforschung seelischer Zustände, der etliche Dichter und Schriftsteller seit Edgar Allan Poe, de Quincey und Baudelaire nachgingen. Sie scheuten sich nicht, dabei die Hilfen der Drogen anzunehmen, sich den Höllen und künstlichen Paradiesen preiszugeben. Sie taten das nicht, um in Räusche zu fliehen; sie wollten die Grenzen des Bewußtseins überschreiten, die Ländereien, Schlünde und Gipfel der Psyche erkunden. In ihren Mitteilungen herrscht letztlich das Grauen vor, das von der Nachahmung solcher heiklen Expeditionen abschreckt. Aber die Dichter und Schriftsteller kamen zu Ergebnissen, die in unserem Zusammenhang nachdenkenswert sind. Ob freilich Walter F. Otto diese Wege, immer nah an den Abgründen, bejaht hätte? Es ist kaum zweifelhaft; er hatte sie für sich nicht nötig. Und doch kannten auch die Griechen Rauschgifte:

»Nepenthes gab Helena den Helden beim Mahl; sicher ein Opiumpräparat, wenn die Stimmung sank –«

– das ist die Vermutung Benns, dessen Begriff vom »provozierten Leben« in den Umkreis gehört. Efeublätter kauten die Mänaden, das »wütende« Gefolge des Dionysos, Efeublätter, ein damals weit verbreitetes Rauschgift. Zu den modernen Versuchen der Bewußtseinserforschung zwei Zeugen. Sie experimentierten mit dem indianischen Rauschgift Peyotl-Meskalin. In seinem Essay »Die Pforten der Wahrnehmung, meine Erfahrung mit Meskalin« schreibt Aldous Huxley:

»Ich ... blickte angespannt auf eine kleine Glasvase. Die Vase enthielt nur drei Blumen ... Nur zufällig und vorläufig zusammengetan, verstieß das kleine Sträußchen gegen alle Regeln herkömmlichen guten Geschmacks. Beim Frühstück an diesem Morgen war mir die lebhafte Disharmonie seiner Farben aufgefallen. Aber auf sie kam es nicht länger an. Ich blickte jetzt nicht auf eine ungewöhnliche Zusammenstellung von Blumen. Ich sah, was Adam am Morgen seiner Erschaffung gesehen hatte – das Wunder, das sich von Augenblick zu Augenblick erneuernde Wunder bloßen Daseins. »Ist es angenehm?« fragte jemand. ... »Weder angenehm noch unangenehm«, antwortete ich. »Es ist eben.« Istigkeit – war das nicht das Wort, das Meister Eckhart zu gebrauchen liebte? Das Sein der platonischen Philosophie – nur daß Plato den ungeheuern, den grotesken Irrtum begangen zu haben schien, das Sein vom Werden zu trennen und es dem mathematischen Abstraktum der Idee gleichzusetzen. Er konnte nie, der arme Kerl, gesehen haben, wie Blumen von ihrem eigenen, inneren Licht leuchteten und unter dem Druck der sie erfüllenden Bedeutung fast erbebten; er konnte nie wahrgenommen haben, daß, was Rose und Schwertlilie und Nelke so eindringlich bedeuteten, nichts mehr und nichts weniger war, denn was sie waren – eine Vergänglichkeit, die doch ewiges Leben war, ein unaufhörliches Vergehen, das gleichzeitig reines Sein war, ein Bündel winziger, einzigartiger Besonderheiten, worin durch ein Unaussprechliches und doch selbstverständliches Paradoxon der göttliche Ursprung alles Daseins sichtbar wurde.«

Wie immer man Huxleys Versuch und seine weiteren, zum Teil ironisch-gesellschaftskritischen Schlüsse daraus beurteilen mag, eines scheint mir erstaunlich offenbar: die Verwandtschaft seines Sehens, unter der Einwirkung der Droge, mit dem »unter der Decke der Erscheinungen das Wesen der Dinge« suchen und vor die Augen stellen, das die griechischen Dichter kannten: eine Landschaft, leuchtend aus ihrem eigenen, inneren Licht; erbebend unter dem Druck der sie erfüllenden Bedeutung. Diese Bedeutung aber trat, für das Auge der Alten, als göttliche Gestalt daraus hervor, erfüllt von allem, was der Landschaft, dem Quell, dem Baum oder Fluß an Bedeutsamem und Charakteristischem innewohnt. Und das innere Licht der Quelle schien aus der Nymphe, wie die Nymphe das Licht der Quelle repräsentierte und aufhob in ihre göttliche Gestalt und geistige Bedeutsamkeit. Auch die Ambivalenz: Vergänglichkeit und doch ewiges Leben, unaufhörliches Vergehen und gleichzeitig reines Sein: sie ist kennzeichnend für den besonderen griechischen Realismus. Er sah in der Fülle von Besonderheiten, ohne sie auf ein Abstraktes zu reduzieren, die eine göttliche Gestalt mit ihrer vielfältigen mythischen Vergangenheit, in der alle Besonderheiten aufgingen und bewahrt wurden. Das Vielfältige und das Eine ergänzten einander wechselweise, wobei keines dem anderen irgendein Teil opfern mußte.

Was uns so häufig gegenüber den griechischen Mythen verwirrt, daß sie scheinbar Widerstrebendes vermengen, daß sie wie eine zu lockere Klammer scheinbar Paradoxes verbinden – das Wort bíos heißt beides: Bogen und Leben: »des Bogens Name ist Leben, seine Wirkung tot«, schreibt Heraklit – dieses für die rationalistische Logik widersetzliche Vereinigen kam doch gerade aus dem griechischen Bemühen, keinem Teil Gewalt anzutun, kein Teil um der größeren, nur gedachten, nicht geschauten Ordnung zu über-

sehen. Wo sich aber das Widerstrebende nicht mehr in dem einen Mythos, in der vielfältigen Bilderzählung vereinigen ließ, da entstanden die Götterkämpfe, dort wurzelte die Tragik. Denn über den Göttern war den Alten keine Schiedsinstanz sichtbar, nur neben ihnen: das Schicksal.
Von der Feststellung »es *ist* eben«, von der »Istigkeit«, die weder den Glauben nötig hat noch das Nichtglauben kennt – für unser Wort »Glauben« gab es kein griechisches Äquivalent – davon war schon die Rede. – Von diesem nicht mehr wegzudisputierenden Erlebnis einer – wenn auch noch so bestürzenden – Wirklichkeit als etwas, das *ist,* das jenseits aller Zweifelsmöglichkeiten aufgetaucht war, davon spricht auch unser nächster Zeuge, der Dichter Henry Michaux.
Michaux steht so wenig wie Musil in dem Verdacht romantisierender, wunschbildnerischer Leichtfertigkeit. Er hat, anders als Huxley, der am Meskalin gleichsam bloß nippte, jahrelange Versuche durchgehalten; dabei ging es ihm nicht darum, »in der Trance neuer Inspirationen teilhaftig zu werden«. Er wollte erforschen, zunächst nur das Gift erforschen; aber das wuchs sich aus zur peinigenden Untersuchung des état second, des Überzustandes. Es ging schließlich über in eine weitgehende Entdeckung von Neuland in den unerforschten Kontinenten unseres Bewußtseins. In mehreren Büchern gab Michaux Rechenschaft von seinen Erlebnissen mit der zuletzt verhaßten Droge. Hier wird zitiert aus dem Werk »Turbulenz im Unendlichen«. In den Aufzeichnungen des dritten von acht Versuchen heißt es:

»Licht, Licht überall. Wie viele Ozeane aus Licht zittern unbemerkt über die Welt hin.
Erschöpfung durch das Licht!
Das Unglaubliche ist geschehen, das, was ich seit meiner Kindheit verzweifelt ersehnt habe . . .
Ich habe Tausende von Göttern gesehen.

Ich habe das überwältigend wunderbare Geschenk empfangen. Mir, der ich ohne Glauben bin (ohne den Glauben zu kennen, den ich vielleicht haben könnte), mir sind sie erschienen. Sie waren da, in lebendiger Gegenwart, lebendiger gegenwärtig als irgend etwas, das ich jemals gesehen habe. Und es war unmöglich, und ich wußte es, und doch! und doch waren sie da ... In einem Gefühl wie Dankbarkeit war ich ihnen ergeben. Aber schließlich, wird man mir sagen, was glaubte ich eigentlich? ich antworte: Was hatte ich mit Glauben zu schaffen, *wo sie da waren!* Warum hätte ich diskutieren sollen, wo ich ganz erfüllt war? ... Alles war vollkommen. Es gab nichts mehr zu überlegen, zu erwägen, zu kritisieren ... Ich wäre verrückt gewesen, wenn ich Überprüfungen angestellt und mich dadurch abgesondert hätte. Diesmal schloß ich mich an. Man fragt mich: Aber war es denn eine Vision oder eine Halluzination? Oder eine Erscheinung? – Es hat sich ereignet, das ist alles.«

Es gehört nach übereinstimmenden Berichten mit zu den Wirkungen des Meskalins, daß das kritische Bewußtsein nicht verdunkelt wird; im Gegenteil, es steht überwach, gleichsam außerhalb des Körpers und der Seele und beobachtet mit übersteigerter Schärfe. Michaux schreibt ja auch: »Und es war unmöglich, und ich wußte es ... und doch waren sie da.«

»Ich habe Tausende von Göttern gesehen« – hat die Droge sie geschaffen? hat sie aus Tiefen oder Höhen, die verschüttet sind oder mit der Ratio zugehangen, vergessene, unerhörte Erlebnisfähigkeiten befreit? Wenn das so ist: sind dann die Götter gleichsam herbeizitierbar?

Das letztere verneinen die Versuche von Michaux. Jeder kommt zu einem anderen, die meisten zu grauenhaften Ergebnissen. Außerdem hängt alles von unüberschaubaren Einflüssen ab. Die alten Mexikaner, die Peyotl, »die Nahrung der Götter«, zu sich nahmen, kannten umständliche Zurüstungen vor den heiligen Zeremonien und eine Fülle von »Vorsichtsmaßregeln, um nicht abgelenkt zu werden«. Aber von all dem abgesehen: Michaux nennt die Droge:

»... Ein unfaßbares ›Extrem‹, ein irreführendes ›Extrem‹, ein überfließendes ›Extrem‹, ein übersteigerndes ›Extrem‹, ein schreckeneinjagendes ›Extrem‹, ... Die Unendlichkeit. Alles führt dahin und alles wird unendlich davon abgelenkt; das ist das meskalinische Drama ... Nachdem er die Frage hinter sich gelassen hat, nährt ihn die Nahrung der Götter. Aber welch seltsames Ding dennoch, diese Abkürzungswege! Eine schlecht verdiente Unendlichkeit.«

Was haben »Extrem« und »Unendlichkeit« aber im Umkreis griechischer Göttererfahrung zu suchen, die dem Extrem so fern war wie der Unendlichkeit, ja gerade dadurch eine ihrer Definitionen erhält.
Dieses »Extrem« zeigt mir dreierlei. Erstens sind seelische Zustände immerhin denkbar, in denen die Vision einen solchen Grad von Wirklichkeit erreichen kann, daß auch dem gleichzeitig beobachtenden Verstand nichts mehr zu deuteln übrigbleibt. Unsere Zeiten sind dem bis zum Exzeß in die Gegenrichtung entwachsen; sie neigen deshalb dazu, wo sie »ruhig verehren« sollten, überlegen zu lächeln oder mit säuerlich-ätzender Ironie die Möglichkeit solcher Erlebnisse erst gar nicht in ein meditatives Gespräch kommen zu lassen. Das ist zumindest gefährlich, nachdem, wie Erich von Kahler festgestellt hat, »eine transrationale Schicht der Realität« ... »wissenschaftlich festgestellte Tatsache« ist.
Zweitens hat es im Griechischen den Kampf der Extreme gegeben, und das in einer Schärfe, die leicht unterschätzt werden kann, nachdem die Extreme – durch welche geniale Strategie oder Götterintuition auch immer – zur fortleben-

den Synthese gezwungen wurden. Das Matriarchat, das jedes Jahr den König im Ritualtod opferte, *und* die Gesetze des Zeus; der getötete Python *und* der Lichtgott Apollon; Dionysos im heiligen Bezirk von Delphi zwar nicht besiegt, aber in den gereinigten Kosmos einbezogen: das sind wohl griechische Extreme, weitab jeder »stillen Größe«.
Und schließlich drittens: das Extrem der einfachen, dem Blick sich entziehenden Unendlichkeit – der unaufhaltsame Abfall in die Tiefen der Seele – das war gebannt durch die vielfache, alle Blicke auf sich beziehende und erziehende Endlichkeit der griechischen Landschaft. Sie riß die ins Transnatürliche ausbrechende Seele immer wieder ins Natürliche zurück und teilte ihr dort die nahen Aufgaben zu. Sie bestimmte »das Grundverhältnis der Menschen zu den Göttern« – wie Thassilo von Scheffer feststellt – das »feierlich, festlich, voll Glanz und Ehrfurcht« war, aber »äußerlich, nicht innerlich«, »mehr geschaut als empfunden«, »eher Sache der Sinne als des Herzens«. Was aber ist das Besondere der griechischen Landschaft, was gab ihr die Macht, so zu wirken, was gibt ihr die Macht, noch heute den Abglanz der Götter in sich zu versammeln?
Hugo von Hofmannsthal nannte »die Reise nach Griechenland . . . von allen Reisen, die wir unternehmen, die geistigste«. Er empfindet sich auf einer »geistigen Pilgerfahrt«.

»Der erste Eindruck der griechischen Landschaft, von wo man sie betrete, ist ein strenger. Sie lehnt alle Träumereien ab, auch die historischen. Sie ist trocken, karg, ausdrucksvoll und befremdend wie ein furchtbar abgemagertes Gesicht: aber darüber ist ein Licht, dessengleichen das Auge nie zuvor erblickt hat und in dem es sich beseligt, als erwache es heute erst zum Sinn des Sehens. Dieses Licht ist unsäglich scharf und unsäglich mild zugleich. Es bringt die feinste Einzelheit mit einer Deutlichkeit heran, einer sanften

Deutlichkeit, die einem das Herz höher schlagen macht, und es umgibt das Nächste – ich kann es nur paradox sagen – mit einer verklärenden Verschleierung. Es ist mit nichts zu vergleichen als mit Geist. In einem wunderbaren Intellekt müßten die Dinge so daliegen, so wach und so besänftigt, so gesondert und so verbunden – wodurch verbunden? nicht durch Stimmung, nichts ist hier ferner als dies schwimmende, sinnlich-seelische Traumelement –, nein: durch den Geist selbst.«

Griechische Landschaft – das ist wie ein schönes Siegel über einem Bilderstapel verschiedenartigster, nicht eigentlich »schöner« Landschaften, die alle nur eines gemeinsam haben: ihre Überschaubarkeit. Griechische Landschaft bietet nichts vollkommen Neues, aber sie bietet es auf ihre charakteristische Weise ganz anders. Griechenland tilgt jede Seelensehnsucht, aber nicht indem sie sich erfüllt, sondern indem sie die Seele ins Schauen erlöst.

Das Meer ist auch anderswo, hier aber wird seine Unendlichkeit gezähmt; nirgendwo verirrt sich der Blick, immer fängt ihn eine Küste auf. Berge sind auch anderswo, hier aber haben sie nicht den Ehrgeiz, aufgereckt das Licht zu verschlingen; sie bieten sich ihm an als Thron. Ebenen gibt es auch anderswo, hier aber treiben sie das Auge nicht zum Horizont, sie leiten es in die eigene Mitte. Und nirgends gibt es solche Inseln, schwebend inmitten der Kugel, die Himmel und Wasser bilden, alle behauen, als habe sie Phidias ringsum aus der See gemeißelt. Und die Dürre ist hier nicht traurig, sie ist Dürre, sonst nichts. Die Kahlheit ist hier nicht abgetötet, sie ist Bühne, ganz leer für den Auftritt ihrer grausamen Sonne. Und die Armut ist hier nicht pittoresk, nicht stinkend, nicht siech; sie ist stolz, gastfreundlich und einsam.

Wir fuhren nach Delos. Das Meer, vielköpfig bewegt; strenger, kältender Wind von Kleinasien her unter dem heißen, unbewölkten Firmament. Das Meer, vielköpfig bewegt: das brachte mich auf Arno Holz, seltsamerweise auf ihn; aber er hat das Meer in seinem »Phantasus«, diesem schäumenden, über alle Ufer schlagenden Strömen, das irgendwo willkürlich anfängt und irgendwo willkürlich endet, er hat das Meer hellenisch gesehen, sosehr auch sein Sprechen gegen griechische Maße verstoßen mag.

See
See, sonnigste See,
soweit
du ... siehst!
Über die rollenden Wasser hin,
lärmend, jauchjohlend, wonnejubelnd, lustlachend,
schwärmend,
sich grunzwölfernd, sich welzwerfend, sich
rückschleudernd,
sich
wärmend,
sich hohlhandzurufend, sich hohlhandzuschreiend, sich
hohlhandzugrölend,
tanggrünhaarig, schuppenglitzleiberig, störschwanzflossig
schwimmtauchblinkend, schwimmfauchblinkend,
schwimmpustpfasend
wie
rasend, Drommetenschneckenhörner blasend
tausend ... Tritionen!

Tausend Tritonen begleiteten diese Fahrt nach Delos. Welche Vorstellung hatte ich von Delos? Ich hatte gehört: sie ist klein, kahl, für jemanden ohne den archäologischen Blick ein nicht entzifferbares Feld im einzelnen vielleicht aufleuchtender Trümmer; sonst gab es da die Löwenallee, die

Phallen, die Palme. Und ich hatte den homerischen Hymnos »Auf den delischen Apollon« gelesen:

Sing ich, wie Leto zuerst dich gebar zu der Freude der Menschen,
Hin zu des Kynthos Berge gelehnt in der felsigen Insel
Delos, der meerumwogten? Es rauscheten dunkele Wellen
Rings an das Land von dem Hauch scharfwehender Winde getrieben,
Von woher du entsprossen den sämtlichen Menschen gebietest.

Als nun Delos betrat die entbindende Eileithyia,
Kam das Gebären die Göttin nun an, und sie wollte gebären.
Und mit den Armen umschlang sie die Palm' und stützte die Knie
Auf den erschwellenden Rasen, und unter ihr lachte die Erde.
Und er entwand sich ans Licht, und die Göttinnen jauchzten zusammen.

Doch nachdem du, o Phöbus, ambrosische Speise genossen,
Wollte die goldene Schnur dich Zappelnden nicht mehr halten
Noch dich hemmen ein Band, und es lösten sich alle die Schleifen.
Und alsbald sprach so zu den Göttinnen Phöbus Apollon:
»Mir sei teuer die Zither zusamt dem gekrümmeten Bogen,
Und ich verkünde den Menschen des Zeus untrüglichen Ratschluß.«
Also sprach er und schritt nun auf der geräumigen Erde,
Phöbos, der Schütze, der lockenumwallete; aber es staunten
Alle Göttinnen sehr; und Delos wurde von Golde
Rings umblüht wie der Gipfel des Bergs von der blühenden Waldung.

Doch du, Fürst Ferntreffer mit silbernem Bogen, Apollon,
Wandeltest jetzt bald hin zu den zackigen Höhen des
Kynthos,

Ich doch höre zu preisen den Fernhintreffer Apollon,
Ihn mit dem Silbergeschoß, nie auf, den Leto geboren.

Eine kleine Kahlheit, unübersichtliches Trümmerfeld, Löwenallee, die Phallen und die Palme; dazu eine ferne noch im Verblassen wuchtig-ungenaue Erinnerung an diesen Hymnos; dazu allerdings auch – mit entschiedener Eindrücklichkeit: dies ist der Geburtsort Apollons; ich hatte Delphi gesehen, ich wußte, mit welch fernher treffender Gewalt die Stätten, die er bewohnt hatte, wirken konnten. Aber war es nicht doch ein bißchen wenig Voreingenommenheit, die mir ja die Augen öffnen sollte? Andererseits hatte ich mich gescheut, mir viel Detail ins Hirn zu laden und schon von weit her die Augen auf vielerlei einzelnes zu fixieren. Nun, ich kam an, blieb drei Tage lang dort: was ist mir Delos geworden?
Delos, das ist der Blick von einem kleinen Hügel mit der Wucht eines Berges auf ein Inselrund, als wär es der Erdkreis. Das sind karge Getreidematten, steinübersäte Hänge, ein ausgetrunkenes Bachbett, Zisternen, in denen die Frösche röhren, urweltliche Eidechsen springen von glühenden Wänden; Disteln, blau, silbern, golden, rosa und gelb; hilflose Touristen, von Steinen genarrt, unter der trommelnden Sonne, kaum einer verirrt sich in die Stadt: ausgegrabene Villen dort mit raffiniertem Komfort, Haus des Hermes, vierstöckig am Hang hinauf; Theatergasse, Theater mit der großen Zisterne davor, Mosaik mit Delphinen und Masken; im Hafenviertel die Badewanne, aus einem einzigen Marmorblock gehauen.
Delos ist Hellas im kleinen; im kleinen aber nur, was seine

Ausmaße betrifft. Delos ersetzt seine Kleinheit durch Intensität. Hellas im kleinen: das mykenische Grab; Artemisbezirk, der weit, vielleicht ins Matriarchat zurückreicht, das Heraheiligtum auf halber Höhe, dort auch die Tempel der fremden Götter aus Syrien und Ägypten, nicht weit das intime Aphrodision; und oben, auf dem Gipfel des Kynthos, die Häuser der Athene und des Zeus.

Im Rückblick, unten inmitten des Ausgrabungsfeldes, die drei Heiligtümer des Inselherren, nahbei Oberkörper und Becken einer Apollonstatue, als wären es Sonnenbruchstücke, und Dionysos in Rufweite; die Palme im trockenen See, an die gelehnt Leto gebar, die Löwen in fremder Andacht; dann die Märkte, Handelskontore, Hotels und Läden; nordöstlich Stadien und Gymnasium; südlich, durch das Hafenviertel – Häusertrümmer, die ins Meer reichen – vorbei am Tempel der Dioskuren, plötzlich die sanft geschwungene Bucht, milder Sandstrand anstatt der üblichen Steine: hier stand der Tempel des griechischen Heilands Asklepios.

Delos ist Hellas im kleinen, aber es fehlt das Chthonische, kein Eingang zur Unterwelt, kein Gräberfeld; es durfte hier nicht geboren werden, und die Sterbenden setzte man über zur Nachbarinsel. In Delos gab es den Tod nicht. In Delos herrschte das Licht.

Delos ist der Ort eines gottfarbenen Lichts. Es tanzt auf der Mole, alle Wege heben sich auf in seiner Strahlung. Stufen sind ins Helle getrieben, darüber steigt die Glut auf den leuchtenden Hügel. Ein Aufschein umbrandet rings die Glanzinsel. In ihrer Mitte hat die Klarheit ihre Stadt errichtet.

Um Mittag ist das Licht tödlich, die Alten verboten zu Mittag den Tempelbesuch. Das Licht ist mittags wie ein Tier in Raserei, im irren Tanz, als wollte es sich selbst zerreißen. Das Lichttier stampft seine Strahlung ins Herz der Glut zurück. Aus dem Herzen der Glut verblutet das schwarze Licht.

Abends, allein gelassen, springen die Steinlöwen aus ihrer fremden Andacht; sie brüllen in schimmernden Fetzen lautlos das tägliche Licht über den See zurück, dorthin, wo die Göttin das Licht gebar.
Nachts schläft das Weißlicht über der Mole; Wege heben sich auf in den Schatten. Vom Hügel steigt die Kühle abwärts. In ihrem Schoß verschwiegen wächst das neue Licht. Und in der Zisterne wäscht sich die Möndin.

Berge der Götter

Die schwierigen Zurüstungen vor solch einem Aufbruch: was wird Ballast sein, was kann uns helfen? Nicht Goethe und Hölderlin, selbst Homer nicht; keine poetischen Landschaften den außen sichtbaren konfrontiert, schon die Erinnerungen daran sind trügerische Hilfen. Und nichts aus den Arsenalen der Theoretiker; keine Philologendeutung vor die Erfahrung gestellt, wir haben etliches gelesen, später werden wir nachschlagen. Und vor allem keine Feuilletons; nicht die Stimmungsberichte, worin sich die eigene Stimmung, scheinbar bestätigt, verflüchtigen kann – alle Adjektive vergessen: am Ort, wenn unser Atem ausreicht, werden sie kommen und uns gehören. Nein, nicht solchen Ballast; dafür Karten und ehrliche Daten: wohin des Wegs, wie lang ist das und wie hoch, wann beginnt der Aufstieg; Wettergebräuche und Schutzhütten, Dörfer an Hängen, Maultierpfade und letzte Quellen – zunächst ist nur das wichtig.
Aber das tägliche Geschwätz: zerfetzte Klischees, durchgescheuerte Hohlformen, Sätzekadaver, in die unser Empfinden, noch ehe es recht da ist, abfällt, verkrüppelt, faul schon im Anfang. Und die immer hilfloseren Sinne beim Gang durch die Städte: schrille Anbrüche gegen Gehör und Gesicht; und draußen die Landschaften, verdorben durch Drähte querdurch und verwesende Volksmusik, stinkende Flüsse mit Weingeschunkel, Burgen darüber, abgestorben in Postkarten, Ebenen, dahinsiechend unter Smog und »Verplanung«.
Wer gibt uns das Schweigen zurück, mit dem solch ein Aufbruch anfängt? Wer reinigt unser Gehör und die Poren der Haut? Wer hindert die Banalität, einzubrechen und sich auf alle Stühle zu setzen, wenn die Wörter kommen, unsere Zielwörter: Olymp, Tómaros, Ithóme, Kylléne, Chelmós und Parnaß? Pennälerschwitzen, Kreuzworträtsellangeweile und der Staub unter Gelehrtenschädeln – aus was brechen wir auf! – wer wäscht das ab und macht die Lein-

wand sauber, macht all unsere Sinne sauber? Und gibt ihnen doch das Allgemeine, das Unvorgreifliche, das Vor-Urteil mit, ohne das wir geblendet wären, hilflos in der Ankunft, fremd dem zunächst ganz anderen gegenüber, das sich nicht einschmeichelt, das zurechtweist und das uns immer wieder allein läßt – bis die Gegengewichte wachsen: sehr bescheiden empfangen und dabei unseres Selbst immer mehr bewußt, bis wir die Ansprache hören und erwidern können.
Helfen kann uns die Fahrt. Wer fliegt, muß ganz naiv sein oder ganz konzentriert; ich glaube an beides nicht mehr. Besser ist das Schiff; das Meer saugt vieles ab, sein Atem kann unseren Atem erziehen, und selbst die nautischen Rituale haben eine beziehungsreiche Bedeutung über sich selbst hinaus. Doch das Schiff ist auch Hotel, und in ihm schwimmt das tägliche Geschwätz mit und die prasselnde Banalität.
Es gibt keine Rezepte. Ich fahre mit dem Wagen und schlafe im Zelt: drei Tage lang eine verordnete Pilgerfahrt, auf Beton und Schotter konzentriert, auf Blech und Getriebe; die Landschaft eine sich drehende Staffage, möglichst wenig wahrgenommen; Gebirge ins Neutrale abgedrängt, keine Sensationen, eine Aufgabe, ohne Schaden zu lösen; dann die Ebene, gefürchtet, fast gehaßt mit den schon gewohnten Exotismen: Eselskarren, Ziehbrunnen und die nur für törichte Blicke pittoreske Armut der Dörfer – nur nicht einlassen mit all dem, ich habe andere Ziele.
Und abends das Zelt an den Rändern zur Einsamkeit. Wieder dieses absurde Gefühl des Geborgenseins ohne alles Fremde, umhegt von nichts, von Gestänge und Leinwand – vielleicht ein archaisches Gefühl: der Nomadenabend, im Schutz menschlicher und nicht menschlicher Wächter, nach den Fährnissen des Zuges unter dem Tagesgestirn, wer weiß das …
Abends das Zelt; vorher vielleicht ein Gespräch mit dem

fremden Idiom, Vorahnung üppiger Gastfreundschaft, notwendig einfache Sprache, die wieder näheren Dinge: Gewitter, Ernte, Kinder- und anderer Segen, dabei das Pflaumendestillat. Und vor dem Schlaf die Versuche, den vergangenen Tag zu skizzieren. Und das argwöhnische Abschmecken, ob schon ein wenig vom Schweigen auf der Zunge liegt:

Nicht die Wörter vom Toten verfertigt
am Töten geeichte Wörter

nicht das Ticken im Zählwerk
das Tuscheln durch die Gerüche
das Pochen an jeder Verschwiegenheit

nicht der Anschrei in aller Augen
das Stampfen unter die Schädeldächer
Zeiger rammen dröhnend Sekundenteile in alle Sinne:

das grölt den Mond zu
das verbrüllt die Sonne im Bersten seiner
allgegenwärtigen Explosionen.

Suchen geh ich die Sage:

im Erdreich getarnt unter Felsen
in den Gewässern vermischt mit dem unteren Fließen
aufgetragen dem Sog über dem Gipfelschlaf

suchen geh ich die Sage.

Die Erhebung am Saum der Kühle ist Grenze
wo der lauschende Stein sein Lid aufschlägt ist Jenseits.

Der lauschende Stein schlug sein Lid auf, ich war angekommen jenseits der Grenzen zum Geschwätz. Das Zelt stand am Meer, von da stieg die Ebene an, aus ihr erhob sich der Berg; die erste Station war erreicht, die Station für meine Meditationen – negative Meditationen: ich wollte abdrängen, was sich mir aufzwang. Gestern, im Herfahren, hatten sich plötzlich oben die Wolken geteilt; frei lagen, was selten geschieht, die obersten Gipfel – eine schmerzhaft-ansaugende Erscheinung, ein gewalttätig anspringendes Glücksgefühl, Empfindung, die alles, Atem und Sprache, überschlug –

»Aber Pallas Athena, des Aigiserschütterers Tochter,
Ließ hingleiten das feine Gewand im Palaste des Vaters,
Buntgewirkt, das sie selber mit künstlicher Hand sich bereitet.
Drauf in den Panzer gehüllt des schwarzumwölkten Kronion,
Nahm sie das Waffengeschmeide zur tränenbringenden Feldschlacht.
Siehe, sie warf um die Schulter die Aigis, prangend mit Quasten,
Fürchterlich, rund umher mit drohendem Schrecken umkränzet.

Here beflügelte dann mit geschwungener Geißel die Rosse;
Und aufkrachte von selbst des Himmels Tor, das die Horen
Hüteten, welchen der Himmel vertraut ward und der Olympos,
Daß sie die hüllende Wolk' jetzt öffneten, jetzo verschlossen.
Dort nun lenkten sie durch die leichtgesporneten Rosse.
Jetzo fanden sie Zeus, der entfernt von anderen Göttern
Saß auf dem obersten Gipfel des vielgezackten Olympos.«

Nein! nicht diese Töne, die mir schon zu spät geboren klangen; nicht die mykenische Burg, wenn auch mit göttlichen Maßen auf den Berg versetzt, die Wolken als Tore und die drei Horai ihre Wächter: das wäre zu einfach oder auch zu schwierig. Ich wollte dahinter zurückgehen in die Geschichte, und ich wollte zugleich in mir selbst bleiben und in meiner Zeit. Sie waren, sagt man, vor viertausend Jahren von Norden gekommen, aus Gebirgen, deren chaotische Dimensionen ihre menschlichen Maße überstiegen, aus nicht übersehbaren Niederungen, über unholde Flüsse und durch Wälder, feucht vom Grauen. Und sie kamen nun in die Ebene und sahen den Berg. Und der Berg ging sie an und lehrte sie sehen; er war gewaltsam und herrisch, aber er wuchs nicht über ihre Ordnungen, die sie in sich trugen, hinaus; und er verlor sich nicht vor ihren Blicken in eine formlose Landschaft. Er hatte eine Gestalt, ganz so, als wäre er das Bildwerk eines Demiurgen:

Auf seinem Weg stieg der Demiurg ab gegen den Tod
und er formte wider ihn eine Bucht

nah zueinander ihre gerundeten Schenkel
unter dem Hügel inmitten die Flußmündung

auf und ab fuhr sein Schiff in dem Fluß

und er formte ansteigend den Leib der Ebene
höher hinauf aus dem Felsen gehauene Brust

aber das Haupt schon über den Wolken
damit dort wohnten die Götter des Landes.

Berg, der für sich die Vorstellung von der Künstlerarbeit eines Demiurgen erzwang! und der die Maße bestimmte:

sie galten für das Festland hinunter nach Süden über die Inseln im ganzen hellenischen Kosmos; außerhalb lagen Chaos und Barbarei.
Aber es mußte noch mehr sein, mein Vor-Urteil erwartete noch anderes, das damit zusammenhing und das doch alles überstieg. Ich umfuhr den Berg im Norden. Von der Paßstraße aus, plötzlich nach einer Biegung, sah ich wieder die Gipfelgruppe, doch nun schon sehr nah: eine machtvollkommene Geste, die den Augenblick aufhob, über allem Vergessen, ein weißer Schmerz, eine hoheitliche Kahlheit – dann suchte ich das Bergdorf, fand es in einiger Höhe im Hang verloren und in gänzlicher Armut. Ich schlug das Zelt auf und bereitete den Aufstieg vor. In der Nacht wachte ich auf; ein Wind stürzte ab, als käme er steil aus den Gestirnen, die dicht über mir waren. Ich fürchtete mich. Früh kam der Bergführer, und wir versuchten den Aufstieg:

Tor, das die Erde selbst mit der Schulter geöffnet hatte: das zieht dich hoch ins Schlangenrevier – unten steht noch immer eine Vergängnis im Hang, gegen die greise Frühe zu spähen, vergessener Wächter im Zeitgeröll – geköpfte Stämme am oberen Ausgang, lang aufziehendes Keuchen über die Halde aus totem Gestein, Immergrün vor dem Verenden, Angst um das Atmen gepreßt;

aus der Höhe über der Schneehaut rollt die Hitze ab, Ansaugen tief in die senkrechte Leere; untergegangen alle Vögel im Weißflug, eine Kahlheit steigt hoch, Tafel ins Unübersehbare gereckt, Tafel für Sternzeichen, wachsam gegenüber dem Schweigen:

Schweigen das jäh abhebt im Steinwerk
dampfendes Schweigen im Grauflug näher
nichtsgefärbtes Schweigen

Nebelgetöse ohne Verlauten dröhnendes Schweigen
Stentorschweigen das schäumt über alle Paläste
Gebirge aus Schweigen in eisigen Wirbeln
Allschweigen hergepeitschter Himmel im lautlosen Branden

plötzlich hochab
der schrille Aufriß
gesprengte Horizonte
das geöffnete Auge vor dem Anblick

dort steht
erhöht über dem Scheitel
Abdruck im allerhöchsten Schnee
Leuchtzeichen einer allmächtigen Stille

dort steht die blitzgefärbte Erscheinung

nackte Sekunde im obersten Tal

Sekunde auf dem Zenitgipfel ihres Anstiegs

der abdonnernd in sich zurückfällt
über die Ränder aller Erhebung hinaus

rückrollend vom Steilhang
nachhallend in das erneuerte Schweigen

verdampfendes Schweigen im grauen Abflug
Schweigen aus dem die Vögel wieder atmen
tröstliches Schweigen in runde Bewölkung verkleidet
schonendes Niederwehen über dem irdischen Abhang.

Und unten rufen die Hütten sich zu
es kommen Tiere die Zeit herauf und Gesichter
die trinken vom Immer und werfen es über die Schulter zurück.

Im Zelt über den Hütten, am Rand der Tiere und Gesichter, die Rückschau: was war geschehen? Wir hatten den Aufstieg versucht, passierten ein weites Felstor, hatten Schlangen gesehen und weiter oberhalb blitzgetroffene Stämme, über den Schneefeldern schlug die Hitze zu; und im obersten Tal – kein Ruf mehr, kein Vogelschrei – zogen auf gleicher Höhe und sehr schnell Wolken näher, sehr schnell und, so schien mir, ohne jeden Laut – schweigender Wolkenzug; und in dieser Stille stand jäh, wie eine Epiphanie, der Blitz; und mit ihm öffnete sich das Gewölk vor der ganz nahen Gipfelgruppe: Mytikas, Thron des Zeus – so skizziert keine ungewöhnliche, sicher eine ganz private Begebenheit. Mir aber war erschienen, was mein Vor-Urteil gesucht hatte: Ein Naturereignis konnte, freilich unter mancherlei Voraussetzungen, so konkret bedeutsam werden, daß es für den frommen und dazu erzogenen Sinn zur Gewalt einer Epiphanie wurde, die sich uns Heutigen zwar nicht mehr in eine sichtbare Gestalt verdichtet, nach deren Erleben aber das schwer Begreifliche ganz klar vorstellbar wird: Jahrhundertelang hatten höchst intelligente, spottlustig-kritische Menschen von der Nähe ihrer Götter gelebt, sie hatten die heiligen Berge geehrt – auch auf dem Olymp fand man, hundert Meter unter dem Hauptgipfel, eine Opferstätte — und in Hellas gab es eine Fülle genau charakterisierter Naturereignisse und heiliger Orte, weshalb Thales von Milet sagen konnte: »Alles ist voll von Göttern.«
Ich bin nicht auf dem obersten Gipfel aller Hellenenberge gewesen; aber ich bin nicht traurig über die erhellende Geste, mit der uns der Berg vor der höchsten Erhebung zurückwies. Diese Geste sehe ich gern zusammen mit dem Gedicht eines Dichters, das uns Aischylos überliefert hat:

Denke des Gottes nicht
Wie jener Sterblichen,

Die Fleisches sind und Blutes,
Du hast ihn niemals gesehen.
Zuweilen blitzt er auf,
Ein jäher Feuerstrahl,
Verlöschend, unberührbar,
Oder er fließt vorbei,
Ein reißend tiefer Strom,
Oder er kommt nachts,
In Dunkel eingehüllt,
Und ist doch Gott,
Wiewohl tierhaft.
Ob Regen, ob Wind, ob Wolke,
Ob Donner oder Blitz,
Meer und Gestein gehorchen ihm,
Flüsse und Quellen und Berge,
Der tiefste Schoß der Erde
Und des grausen Ozeans
Erzittern vor dem Blick des Gottes.

Alle drei Zeusberge, die ich bestieg – den Olymp im Nordosten, den Tómaros im Nordwesten des Festlandes und im Süden des Peloponnes den Ithóme – sie haben eines gemeinsam: sie setzen herrschend das Maß über die Landschaften, die sie umgeben; der Olymp durch Höhe, Ausdehnung und Gestalt; der Tómaros als deutlich geformter Wächter über dem Tal von Dódona; der Ithóme, weil er, obwohl nicht sehr hoch, inmitten der messenischen Ebene mit seiner ebenfalls geprägten Gestalt über die Landschaft gebietet.
Die anderen hohen Berge in Hellas, die ich besuchte, auf deren Höhen und in deren Hängen und Höhlen Götter verehrt wurden – Parnaß und Helikon, Kylléne und Chelmos –, sie ordnen sich nachbarlich ein in ihre bedeutende Umgebung und beherrschen sie nicht, sosehr sie sich unterscheiden und ringsum abheben.

Der Tómaros regiert eine Oase am Rande der von den Hellenen als barbarisch empfundenen epirotischen Szenerie. Die verwirrende Vielzahl der Pindosgipfel, unübersehbare Täler, Schluchten, ja Cañons im Norden, sie ordnen sich nicht zum überschaubaren Kosmos, sie liegen gefürchtet im Grenzbereich der alten Welt. Der Tómaros aber überblickt eine menschlich-begrenzte, ovale Hochebene, in deren Mitte der Akropolishügel von Dódona liegt. Im heiligen Haus neben dem viel jüngeren Theater deuteten die Priester, die Tomuroi, und die Prophetinnen den Willen des Zeus aus dem Rauschen des Eichbaums, dem Murmeln der Quellen, dem Dröhnen eherner Becken, dem Flug heiliger Tauben – ein Ort, dessen Geschichte weit in die Frühe zurückreicht, Homer kannte ihn, Fürsten von hier nahmen am Zug gegen Troja teil. Schroff und unnahbar nennen die Bergführer den Tómaros und schreiben sonst nichts über ihn. Ob je einer dort gestiegen ist außer den Hirten? Aber es gab auf dem obersten Gipfel einmal ein Heiligtum, Priester zogen hinauf, wo war der vergessene Weg? Wir fanden ihn nicht. Von Hermes genarrt, von der eigenen Torheit, hingen wir oben im Steilhang, in die Haut des schrecklichen Berges gekrallt, schattenlos, Dilettanten in der Hybris – die Überlebenslust flackerte hektisch zwischen Erlöschen und gierigem Aufflammen: es war doch die Stunde des furchtbaren Pan – bis der gaukelnde Bote kam und uns den lieben Mut zurückgab, noch ein paar Meter aufwärts gekrochen, und der Hirtenpfad versteckte sich nicht mehr. Drüben also der chaotische Pindos, verwirrend-feindlich; das sanfte Gewässer bei Joannina wie eine Dursttäuschung; und drunten Theater und heiliges Haus wie richtig plaziert im Brennpunkt der Ebene: es hatte sich alles gelohnt. Der Tómaros aber gehört den Sterntieren und der Erinnerung an abgestorbene Feste.

Wir hausten oben über der Hungergrenze
und meißelten Zeichen gegen die Gezeiten

es steigen sprechende Pfade im Hang
später beginnen über der Schlucht die Stufen ermordeter
Feste
darüber nisten gefiederte Sprüche die tragen zum
Gipfelopfer

aber nur Herden entziffern die Pfade
nur den nackten Anstieg erhören die Stufen
und nur wer sie nährte den tragen die Sprüche höher.

So formten wir Bergländer gegen den Tod
erweckten die Quellen für weithin rufende Ebenen

da nähren sich Tiere um zu erwidern
Früchte aufzusteigen im Rauch der Gesänge

und die orakelträchtigen Bäume
in deren Köpfen der Bote sich einübt

Anderntags, nach dem mühsam verbüßten Abstieg, saßen wir im winzigen Schatten der orakelträchtigen Eiche, deren Blätter noch ganz unmündig sind – die späte Pietät hatte das Bäumchen zwischen die ausgegrabenen Grundgemäuer des heiligen Hauses gepflanzt. Wir betrachteten den wieder freundlich uns zugewendeten Berg – und sahen plötzlich den feinen Riß, den Abgrund zwischen denen, die ihren Tod haben und der lächelnden, ja lachenden Nähe, in der sich die griechische Gottheit zeigen konnte.
Was Olymp und Tómaros verwehrt hatten, schenkte der Ithóme: den Blick vom Mittelpunkt einer Welt auf ihre

Ebenen und Gebirge, Siedlungen und Buchten: Herrschaft des Auges zwischen strenggegliederten Horizonten.
Auch Isolde Kurz hat während ihrer mutigen, weit ausgedehnten Griechenlandfahrt im ersten Jahrzehnt unseres Jahrhunderts die messenische Ebene und den Ithóme gesehen; und sie hat das Geschaute in ihrem erstaunlich reichen, nüchtern-begeisterten und immer noch ganz jungen Buch »Wandertage in Hellas« festgehalten:

». . . die Ebene von Messenien . . . Eine wundervolle saphirblaue Kette der kühnsten Berge faßt sie ein, deren Formenstrenge durch die feine Luft eine fast überirdische Leichtigkeit erhält. Dichte Oliven-, Orangen- und Feigenhaine, zwischen denen vereinzelte Zypressen dunkeln, reich durchrieselte Getreidefluren, kleine hellschimmernde Siedlungen mit Kind und Lamm, milde Luft und windgeschützte Lage, Fülle ohne wuchernde Überfülle – so wie diese messenische Ebene stellt man sich den Schauplatz des Goldenen Zeitalters vor, wo die Menschen Hirten waren und die Götter zu ihnen niederstiegen . . . Der steile Bergkegel, dessen wunderkühnes Profil vor allen anderen auffällt, muß der Ithóme sein, der den Spartanern so heldenhaften Widerstand leistete . . . Irrt noch ein letzter Hauch von diesen Heldenseelen durch die Lüfte? . . . das Land ist doch dasselbe, das Meer, das ab und zu aufblitzt und verschwindet, die hängenden Asphódeloswiesen, die Bächlein, die rasch in die schimmernde Ebene hinabwollen.
Und wie da unten am Ufer des tief eingerissenen Wildstroms heute die Frauen an dem schönen Wasserbecken zwischen den Zypressen waschen, so haben sie es gewiß schon vor Jahrtausenden getan.«

Obwohl viel höher: die Kylléne, der Geburtsberg des Hermes, vermittelt nicht solch ein Herrschaftsgefühl wie der

Ithóme aus dem Zentrum einer Landschaft bis zu all ihren Grenzen und Ausformungen. Die Kylléne mißt sich mit ihren Nachbarn, sie zwingt die Blicke in bestimmte, wenn auch sehr weitreichende Perspektiven. Aber welche Perspektiven und über welch ein Land!

Wir verließen das Meer, nach allem, was wir erlebt hatten, mit trübem Mut. Hermes' eigener Berg, was würde uns dort erwarten? Die Anfahrt zum Gebirgsdorf hätte beschwingt sein können: ein heiteres Tal aufwärts, hellgewaschene Kalkfelsen, die hügelige Ebene bis hoch hin fruchtbar; und es war Erntezeit, schon lagen die Korinthentrauben zur Dörre aus; Weinhänge, Nußbäume, später ein Ölhain, dann die Hirten: war Hermes nicht auch der Hirtengott gewesen, der phallische Gott, das hatte später Dionysos übernommen; waren das nicht die Rufe der heißen Flöte, sprang nicht ein Meckern über die Vorgebirge, schlug nicht die zottige Stille mit dem lüsternen Spalthuf Funken aus der Luft – so böckicht heiter das Abenteuer begann, es setzte sich mit immer reinerer Heiterkeit fort, je höher wir kamen; der erdschwere, mühsame Anstieg kämpfte mit dem Schwerelosen, Hermes zeigte sein Taggesicht, er überließ den Berg der Klarheit; und oben, vom Gipfel, war es ein Augentanz über Hellas:

Weithin tanzende Ländereien ein Wehen aus jedem Schimmer
zwischen den Horizonten die aufgebrochene Lichtfrucht

Gebirge über dem Schwerefeld wir gehen in Hänge über

alles ist voll von Mündern

alles ist voll von Mündern tanzende Ländereien Gesichter
aus Blättern gelöst Körper mit Rinden schwatzende Meerleiber

Ebenen langhin lachend stößige Hügelrücken
und die Wassertiefe der ins Gestein abgestürzten Namen

und die unergründliche Verkleidung all dieser Ländereien
voll von Mündern.

Gaukelnder Bote, ins unergründliche Dunkel seiner List verkleidet, mit dem Nachtgesicht, das doch hell machte, wenn es erscheinen will: Hermes, schon immer hellenisch, länger als Apollon – aber auch Hermes Psychopompos, Seelenführer: drüben im Westen liegt der düstere Nachbar, Chelmós, ganz ungriechisch gleichsam nach innen gekrümmt um den schrecklichen Ort, wo der Styx-Fluß, »der verhaßte«, aus dem Felsen tritt und kalt sprühend tief abfällt in den tödlichen Schoß, den Eingang zur Unterwelt, die er neunmal umfließt – alle Götter schworen bei ihm und wagten nicht den Meineid. Die Alten mieden das Gebirge, und noch heute scheuen die Hirten, das bis tausend Meter schroff abfallende, enge Felsoval zu betreten. Selbst Pausanias beschrieb den Ort mit einigem Schauder:

»Nicht weit – . . . erhebt sich eine hohe Felswand; ich kenne keine andere, die sich zu solcher Höhe erhebt. Und an der Felswand fällt Wasser herunter, und das nennen die Griechen das Wasser des Styx – Das Wasser, das von der Felswand . . . herunterkommt, fällt zuerst auf einen hohen Felsen und fließt, nachdem es den Felsen durchflossen hat, in den Fluß Krathis. Dieses Wasser bringt den Tod für den Menschen und jedes andere Lebewesen . . .«

Das Wasser brachte uns nicht den Tod, aber ein ihm verwandtes Grauen. Unser Zelt stand am korinthischen Golf zwischen Kylléne und Chelmós gegenüber dem Helikon. Von hier aus wagten wir Anfahrt und Aufstieg und nicht, wie es leichter aber zeitraubender gewesen wäre, unter der Gipfelgruppe von Süden her den Abstieg zur Styxschlucht. Man verläßt hier nicht gerne das Meer; die Straße ist schlecht und oft von den erstaunlich vielen Quellen aus überspült; bald sind die Hänge kahl, böse das Grün unten in der Schlucht. Der Aufstieg vom letzten Dorf – es schien ausgestorben, nur ein Irrer gab uns gestenreich seinen fatalen Segen – der Aufstieg führt bald in die feuchte, erstarrende Rätselhaftigkeit dieser ganz ungriechischen Berglandschaft.

Noch ein Meer, gnädig im Rückblick, alle Sättigung über der Kimm verheißen – aber verbittert, segelnde Münder immer sterblicher stumm.

Noch die Stadt, Pollenflug von Gewürzen über dem Vorgebirge, Kunde von Schlaf und Häuten – aber der Sprung im Lächeln an den Rändern zur Blässe.

Dann krümmt sich der Weg ins Fahle. Geisternder Weinstock gegen die Schwarzluft verendet. Herde aus Knochengetier im Abtrieb gestellt. Düster aufkreischendes Grün an der Mündung eines giftigen Auslaufs;

Vom Fließen enthauptetes Tal – wir waten durch Lebloses, Hügelschädel, heiserer Anstieg zur Hüttenfäule, Pfad in die Irre gebleicht von der knochigen Hitze;

erstarrter Taumel, Eisglieder schlagen die Knöchel, im Nakken das Flammengetier;

taumelnde Starrheit im Weißblut, schon nicht mehr irdisch, Pflanzliches eingekrallt in Steinskelette, Scharren ohne Echo durch Adern im Leeren;

nur noch Schlürfendes über dem Schädelgestein, Schaben am Strauchwerk nach der Verwesung, letztes Geröll vor der Unzeit;

nur noch berghoch aus dem Nichts gedreht: der grinsende Beckentorso;

nur noch die feile Öffnung im Nichts: der vergrauende Schoß;

nur noch Bestäubung, todträchtig, im ständigen Erguß, nur noch Einprall, dauernd, im Kahlmund der Gegengeburt.
...

Taumelnde Starre durchs Weißblut zurück:

Tuscheln durch die Gerüche, Pochen an alle Verschwiegenheit;

Fiepen über die Zungen hinunter, Anschrei in beide Augen,

Stampfen unter dem Schädeldach;

es steigt aus der grauen Spiegelung von überall her,

es treibt eine Erde aus Asche auf, eine Wolke aus Haaren über alle Horizonte und Monde aus Menschenhaut in jeden Himmel.

Durch den Alptraum die Leichenpfade zur Reinigung:

aber die Quellen gerinnen ins Weißblut –

nur noch Bestäubung, todträchtig, im ständigen Erguß, nur noch Einprall, dauernd, im Kahlmund der Gegengeburt.

Diese Schreckensbilder überfielen mich im Rückblick auf den grausamen Aufstieg – wir hatten jeden Pfad verloren in den dichtbewaldeten Steilhängen und stiegen im Bachbett weiter: Kälte aus dem Wasser, Hitze aus der Mittagshöhe, die ungewöhnliche, feuchtdüstere Vegetation; und endlich von fern, aber immer noch sehr bedrückend, die fahle Schlucht, tödliche Bestäubung in den toten Schoß – Schreckensbilder bis in unser Jahrhundert: Wolken aus den Haaren Ermordeter über die Horizonte, Monde aus Menschenhaut; und der Ort der Reinigung versagte sich, er wies in die Schrecken zurück. –

Reinigung, das war Delphi an einem der südlichen Parnaßhänge, Ortschaft ganz anderer Finsternisse und des sie aufhebenden Lichts. Der Parnaß ist mir dreimal sehr verschiedenartig begegnet. Als Berg des Dionysos zuerst, dann als rasende Landschaft der Mänaden und schließlich aus delphischer Optik – aber das ist viel zu verkürzt gesagt, ich muß es erklären.

Als ich den Parnaß zum erstenmal länger ansehen konnte, war Winter. Mich faszinierte der Gegensatz zwischen dem streng geformten Bergkörper und seinen dunkel-ausschweifenden Hängen und Abstürzen. Eine brünstige Natur mit gierigen Pranken, blind im Blutrausch – eingefangen ins schweifende Rasen der Menschenweiber: ein Todspiel, aber doch schon ein Spiel, das Er, Dionysos, beherrschte; und das später in dem gezüchteten Spiel, im Theater, in seinem Steinkreis des Traums, die Bändigung fand – eine schließlich in die Form gezwungene, urtümliche Wildheit: der zischelnde Ausbruch, tödliche Brunst der vielfach entzündeten Pranken, in der Vergessenheit heiser erhitzt, mit rot überwachsenem Auge, nach Blut, nach der immer neu entflammten Kühlung süchtig:

Er zwang sie ins reißende Todfest, oberhalb, entrückt –
bis er später herabstieg, in Fessel: gezüchtetes Spiel dem rings die Augen wuchsen – schließliches Lächeln über der aufgehobenen Verheerung.

Der Parnaß, dieser mir liebste, vielfältige Berg, er hält auch solche Erinnerungen fest, oder anders: er suggeriert sie als gegenwärtig. Als ich seinen höchsten Gipfel bestieg, war Hochsommer. Wir verließen die Schutzhütte nachts um zwei Uhr. Der Mond – aber ihn gibt es, wenn überhaupt, als männliches Gestirn nur im Norden; keine südliche Sprache nennt ihn männlich, und wer ihn im Süden sah, dem muß er weiblich erschienen sein – die Möndin also stand nahglühend über dem Berg, dessen Flanken jagten und brannten. Ein seltsam kühler, nicht kältender Wind fiel unruhig vom Gerontóvrachos, dem Greisenfelsen – in Urzeiten soll man von ihm herab die Alten gestürzt haben, wenn sie zu nichts mehr taugten – eine wie abgeschnittene, helle, lang aufragende Wand, der wir entlang stiegen. Dieser Wind schien uns zu necken, er kam und verschwand, in rhythmischen Sprüngen – ein tänzelnder Wind. Und als Tanzplatz erschien mir das steinige Hochtal, durch das wir uns mühsam hinaufzogen.

Einen Tanzplatz hatte ich früher unterhalb vor der korýkischen Grotte gesehen; das ist eine domgroße Höhle, dem Pan heilig und den Nymphen, die vor ihr tanzten. Und nachdem ich die Grotte besucht hatte, sah ich hinaus nach Süden, von dem jetzt ganz heiteren, morgendlich schwingenden Berg auf die düsteren Umrisse des Chelmós jenseits des Golfes von Korinth. Plötzlich blitzte ein Lichtstrahl von dorther, wo der Styxfall sein mußte, blitzte auf und blieb minutenlang: eine Augentäuschung? war es möglich: Sonnenreflex? ein Widerblitzen vom tödlichen Wasser herüber, den Götterschritt weit, zum Tanzplatz vor der korýkischen Grotte? Welch ein verblüffendes, schwer deutbares Sýmbolon! Die Nymphenhöhle jedenfalls hatte auch Pausanias besucht und danach warnend geschrieben:

»Von der korýkischen Grotte aus ist es auch für einen rüstigen Mann schwierig, zu den Gipfeln des Parnaß zu gelangen; einmal liegen die Gipfel über den Wolken, und zum anderen schwärmen auf ihnen die Thyiaden für Dionysos und Apollon herum.«

Nun – der Gipfel war, als wir ihn endlich in der Morgenfrühe erreichten, von Wolken frei, aber der Blick ins Land hinaus blieb uns verwehrt: von dorther rauchten hohe Nebel. Aber ich sah, auf einem Nebengipfel, drei wilde Widder – keine absonderliche Erscheinung dort, obwohl wie ein Gruß von Apollon, dem der Widder heilig ist. Für mich aber waren die Widder in dieser Szenerie ein plötzlich ganz real gewordenes Bild, das ich, viel früher beim Schreiben zu Hause, gesehen hatte: Widder auf den Parnaßhöhen, ihr Fell gibt leuchtend die Strahlung zurück in ihrem Umlauf vom Morgen zur Nacht.

Eine Versammlung von Widdern über dem Grat

aufs Taufell herab ziehen sie sich die Frühe
entlocktes Spiel auf den Kruppen

mittäglich stehn sie gefeit mit hoch entbranntem Vlies
geschärfte Wache am Todhang gegenüber dem Schwarzlicht

unter den Flammen langsam verharschender Hörner
äsen sie zur Reinigung abwärts

eine Versammlung von Widdern über dem Grat.

Ich habe die Widder gesehen, wenn auch keiner sein Goldenes Vlies trug – nicht gesehen habe ich die Thyiaden, die, wie Pausanias schreibt, »attischen Frauen, die jedes zweite Jahr zum Parnaß kommen und hier mit den Frauen Delphis zusammen dem Dionysos ein Fest feiern«. Aber in der

Rückschau war mir doch, als wäre in der Nacht unseres Aufstiegs ein Fest gefeiert worden, ein seltsam blutrünstiges Fest, zu dem die rasende Möndin, mit dem Tierfell verkleidet, den tanzenden Wind verlockt hatte:

Einstige Wetter dampfen aus Korallenschlünden, ihre
Körper bespringen die Nachtbeuge; lachsene Zungen gehen
den Berg an, sie jagen auf allen Fährten das Trockne,
treiben den Schaum auf die Hänge,

fleischliche Zungen brennen aus der Haut des Berges

Berg besprochen vom Wind mit dem Tierkopf
Immerwind der auf Fiebern reitet

Wind aus den Schößen im Purpurfelsen
Wind mit dem Feuerglied

das steckt die Weichen der Möndin an
aufbrüllende Möndin im Fell

tanzen hinter dem Hitzewind
jagen mit Wirbelgliedern

Möndin die den Windleib bespringt
Rotes trieft von den Weichen

Schreie verzucken über dem Windleib
Blut von geblendeten Pranken

Gebrüll aus dem Purpurfelsen
Gebrüll aus dem Irrsinn des Blutbergs

rasende Möndin die sich vierteilt
Möndin im Sturz zum Schwarzmond.

Auch solche Erinnerungen beschert dieser vielfältige Berg – im Feigenschatten unter der Bocksneige brechen die Leiber zum Tanz auf, an ihren Weinmündern öffnet die Nacht ihre Röte, besprochen vom Wind mit dem Tierkopf gerät der Berg in Raserei – ich habe doch die Thyiaden gesehen, wer will es bestreiten. Aber ich sah nicht von dem höchsten Parnaßgipfel, wie von der Kylléne, auf Hellas. Ich brauche einen Zeugen, der es gesehen hat – Theodor Däubler:

»Es gibt kaum noch eine so schöne Gegend in Griechenland wie die um Delphi. Seine weißen glänzenden Felsen werden von Adlern umflogen, im Spalt des Drachen Python, den Apollo überwunden hat, nisten noch Geier. Himmelblaues Meer und von silbern-flimmernden Ölbeständen überwellte Ebenen furchen sich, rhythmisch gegeneinander geschmiegt, zwischen kahle, oft zart-rosig leuchtende Gebirge ... Der Parnaß ist der Ararat der klassischen Zeit: es soll sich nämlich Deukálion, nach der Weltflut, mit seinem Weib von des Gebirges rettender Spitze, wo er das Deuten des Vogelfluges gelernt hatte, zu Tal begeben, Steine, die als Männer aufstanden, hinter sich geworfen haben. Das gleiche tat sein Weib, wodurch Weiber entstanden sind. Heute ist aber der Parnaß ein quellenloses, trocknes Gebirge, obschon Parnassos, seine mythische Gestalt, Sohn der Nymphe Kleódora und des Poseidon war. Schon auf etwa neunhundert Metern Höhe sind wir beim letzten Ziehbrunnen vorbeigekommen, weiter oben gibt's gar kein Wasser mehr. Der Aufstieg ... geht ... lange durch schönen Nadelwald bergan und dann wieder streckenweise bergab, so daß wir recht ermüdet – es war unterdessen Abend geworden – bei der letzten Hürde der Hirten ankamen ... Um drei Uhr erwachte ich, bei schönem Mondschein, und rief mit starker Stimme, im echoreichen Felsenlabyrinth, nach dem Eselstreiber, der bald auch Antwort gab und sich bei uns, zur Führung über die mondbeschienenen Steine, die durch gefrornen Tau glitschig waren, einstellte. Nach fünf Uhr, genau zum Sonnenaufgang, ist der Gipfel des Parnassos, wie beabsichtigt, von uns erreicht worden. Der Morgen war, besonders gegen Westen, etwas trübe: blutrot ging das Tagesgestirn, über inselreichem Meer, weit bei Asien, auf. Athos, Olymp und Öta hatten es, zusammen mit unsern Gipfeln, zuerst begrüßt; bald schienen alle Gebirge Griechenlands in dunkellila Samtpracht zu prangen, doch des Meeres Buchten schimmerten bernsteingelb und im Osten goldig.

Wie eine ganze Welt des Traumes schwebte Euböa, die lange, vielgipflige Insel, für sich über ihre See dahin; Böotien mit seinen öden, ginsterbestandenen Höhenzügen wurde unserm Schauen immer deutlichere Wirklichkeit; uns zu Füßen bekräuselte es sich mit Ölbäumen, und im Gebirge selbst schien Pan zu schlafen, doch es war ein finstrer Fichtenwald, der sich, tausend Jahre alt, zwischen die Felsen des Parnassos eingeklemmt hat.«

Diese Ausblicke von griechischen Bergen gleichen nicht denen von nordischen Gipfeln. Es sind nicht Blicke über eine chaotische Gipfelfülle in blau-romantischen Fernen, die sich im Transzendenten zu verlieren scheinen: in den Sog nächtlich-mystischer Innenschau, in den Sog zur wesenlosen Spekulation.

Die Ausblicke von griechischen Bergen treffen, wo immer das Auge landet, auf eine mythenreiche, geschichts- und geschichtenträchtige Szenerie. Und diese Szenerie hat, wie ein gutes Bühnenbild, das Geschehen gleichsam mit hervorgerufen oder sich anverwandelt. Das gilt sicher für die Mythen, es gilt oft für historische Ereignisse: Thermópylä, Marathon, Salamis – oder: wer je mit solchen Augen die Ebenen von Sparta und Messenien verglichen hat, der begreift, auch von daher, die tödliche Feindschaft. Deshalb haben die griechischen Landschaften, anders als andere Ländereien, die das Vergessen beherrscht, eine lange Erinnerung. Und die griechischen Berge bewahren die älteste. Nach unserem Parnaßaufstieg blieben wir noch einige Tage in der Nähe des Berges; das Zelt stand am Meer in Kirra, dem alten Hafen von Delphi. Und wir betrachteten den Berg, seinen vielgliedrigen, mehrhäuptigen Steinkörper; diese nach Menschenmaß ewige Präsenz, deren Haut doch jeder Minute Antwort gibt. Gestern schien das Erinnern des Berges weit hinter die Menschenzeit zurückgefallen, Erinnern an Urmeere, aus denen er langsam auftauchte, sich mit Muscheln besprach, Pflanzen sprangen an ihm hoch, er, der jetzt weithin kahl ist, fühlte sich grün bis zum Scheitel. Morgens, das Licht, löschte den Traum und gab dem Berg den Glanz seiner Nacktheit zurück:

Manchmal, weil das Zeitmaß herrschender Ernten zu ihm herauftönt, sinkt der Berg in Trauer,

sinkt zurück in die meerische Wiedergeburt, bis im Gedächtnis, an seiner Neigung ringsum, die Muscheln gestrandet aufbrechen,

Grabmäler, vom Raunen innen geöffnet: schon fachen die Düfte lodernde Tänze an, vervielfältigt hochgetrieben, züngelndes Grün in der Anflut, Springwellen grüner Gesichte, versenkende Grünheit an den Grenzen ihrer Eroberung.
Fernher, ihm wieder die Blöße zu ergründen, trifft der Lichtgott mit seinem hiesigen Lächeln den Berg, dessen Kahlheit, in der steigenden Gegenwart reiner, sich lang aufatmend darin erhebt:
dem Zeitmaß herrschender Ernten entrückte Woge felsigen Jauchzens.

Diese nach Menschenmaß ewige Präsenz – und an einer Stelle des vielgliedrigen Körpers der klaffende Einschlag, als habe Poseidon den Ort aus dem Felsen gehauen, wie das Tempetal zwischen Olymp und Ossa, als er noch Posidan hieß, der Rossegott, eh es Zeus gab oder bevor Zeus gesiegt hatte und die Reiche aufgeteilt: Poseidon bekam das Meer, Zeus Himmel und Erde, von deren Enden sandte er zwei Adler aus, sie trafen sich über dem Einschlag im Körper des Parnaß, der Delphi heißt und Mittelpunkt der Welt.

An einem Mittsommertag waren wir aus dem Ölwald von Chriso nach Delphi gekommen – ein unfreiwilliger, nervenzehrender Pilgergang; denn eigentlich hatten wir den Zickzackpfad im Hang jenseits des Pleistosbaches finden wollen, um von dort aus nach Norden den Bezirk Apollons und seine Umgebung einzusehen. Aber der Ölwald gab uns nicht frei. Wir irrten, von vielen Trittspuren genarrt, ohne Ausblick unter dem grünen Geflirr. Die Hitze: Erdmutterhitze, schößige Dumpfheit, feuchtes Brüten. Später, endlich ein wenig höher, aber auf Delphi zu, erlaubte der Wald einen Ausblick: da tanzten die Ölbäume wie auf den Bildern van Goghs. Stöhnende Rast gegenüber den grün-schwarzen, stumm aus sich selbst kreisenden, starren Feuern – auch das gehört zum Umkreis von Delphi.

Viel später kamen wir unter den Phaidriaden an, wuschen das Triefen ab und stiegen mit dem letzten Mut über Theater und Stadion hinaus höher bis dicht unter die Felswand, wo kaum jemand hinkam; über uns nisteten die Lämmergeier. Wir starrten auf die dumpfe, blicklose Fruchtbarkeit tief unten, die sich von den Hängen bis zum Meer hinzieht, die nun wieder, aus solcher Distanz, das sanft-gewellte, uralte Grün war – ein nährendes Olivenreich. Aber noch immer summte die Hitze von dorther im Ohr: Erdmutterhitze, schößige Dumpfheit, aufgehoben allein von Apollons Bezirk.

In seinen Trümmern herrschte nun, zwischen März und November, vielsprachig das meckernde Geschwätz. Die Banalität säuft an der Kastália und sudelt in den Rängen des Theaters. Und Neu-Delphi ist ein lauthals feilschender Ort, vollgestopft mit Tand und dem, was nicht mehr nur Amerikas Touristen erwarten – verdorben wie kaum einer sonst in Griechenland.

Mit dem Ekel kam der alte Zweifel und nahm überhand. In jedem Tal, auf allen Bergen hatte er mich schwerer gemacht: Ballast oder Gegengewicht, wer weiß das. Zum Beispiel im Olymp, hinter Chrestós her, der uns führte: eingefallener Nacken, Abgeschabtes um den Leib, zerfleddertes Schuhwerk, noch keine vierzig der Mann; mein bescheidenes Honorar war ihm ein halber Monatslohn.

Oder abends nach den Schrecken im Tómaros das kleine Gasthaus in einer der Basargassen Joánninas:

da hockte ein räudiges altes Männlein, kein Säufer, nur in der Armut; der Wirt hatte ihm Reis in den Napf getan wie einem Hund; und so schreckten die rot unterlaufenen Augen immer wieder über dem Fraß auf, ob nicht ein Stein käme oder ein Tritt; und dann lief der kleine Greis davon, sich vor der Nacht noch eine Gelegenheitsarbeit, eine Überlebensarbeit zu suchen.

Oder mein Freund Elias, unten in Kirra: er hat Ölbäume, er ist deshalb reich. Aber wenn die Oliven überhaupt nicht wachsen oder nur klein bleiben, was in aller Regel mit jeder dritten Ernte geschieht? Auf ihnen gründet sein armer Reichtum.

Oder im Helikon das Bergdorf. Da kam der Alte, uns zu warnen: Seht, alle Häuser sind neu. Die SS. Auch meine Frau nahmen sie mit. Und über Kylléne und Chelmós geht eine Flugstraße; kürzlich schlug eine Militärmaschine gegen die Wintergipfel des Chelmós. Und die heiligen Berge über Athen: Hyméttos, dessen Honig schon die Argonauten rühmten, da standen Statuen des Zeus und Apollons; Pentélikon, wo sie den Marmor brachen und brechen, da war Athenes Standbild; Parnés, der größte, auch hier hatte Zeus Bildwerke und Altar – heute stehen Radartürme auf allen Höhen und Warntafeln rings um die Gipfel.

Hier unten, zwischen Delphis Trümmern, herrscht vielsprachig das meckernde Geschwätz. Mit dem Ekel kam wieder der Zweifel und nahm überhand: was sind, gegen diese Wirklichkeiten, meine hohen Gebäude, innen errichtet und entworfen auf dem Papier? Und die sichtbaren Tempelreste: sind sie nicht nur Hemmschuh für Planer, Glanzreste denen, die an das Rückschauen unheilbar verloren sind, sperriges Gut im Gedächtnis? Und die Berge der Götter – kahles Gelände, den Ziegen schon kein Fraß mehr? Und in den Gassen darunter geht der Hunger um.

Rabenschreie stürzen aus der Felswand, ein Geier bringt sein Aas ein in die Nisthöhle; oben, über Tempel und Tal, schwarze Adlerzüge. Adlerzüge – eine ganze Versammlung von Adlern: das war am Neujahrsmorgen vor sechs Jahren – um Mitternacht hatten wir zwischen Apollons Säulen gesessen, das reglose Land sehr hell unter der kühlen Wintermöndin; Schatzhaus, Tempelreste, Theater: ein von allem verlassener Ort, sich selbst genug.

Eine nicht zu ergründende Stunde; keine Länder mehr, nur diese Stätte, keine Geschichte mehr, nur dieser Augenblick, als wären alle Zweifel zerfallen und jeder Schatten. Unten aber, in der Bucht von Itea, würden sie bald hochauf aus dem Meeresspiegel springen, Delphine, stumm-jauchzend ihren Gott zu grüßen, der immer im frühen Jahr zurückkommt:

Stunde, von Gräsern verleugnet, lautlose Stunde, im Wind aus der Muschel kreisend, mit vielfachen Schwingen über dem Innern aller Geräusche, unergründliche Stunde ohne Schattenflug;

verblättert die Kontinente, ausgetrunken die Meere, nur der einzige Strahl aus versteinertem Auge, überall hin gewendet – plötzlich geheilte Krankheit, ihr lächelndes Gegenteil;

als Ende nun die Regentschaft des obersten Zweifels:

noch immer steigt inmitten jeglicher Welt der mündige Rauch,

und drunter springt, vom Wind aus der Muschel erregt, sein Gestirn erneut zu entzünden, der kalte Funke, der Fisch.

Das Spiel mit dem Stiergott

Bruchstücke
für ein kretisches Mosaik

Ich liebe Griechenland wie kein Land sonst auf der Erde. Ein naiver, ein törichter Satz – so wahr er ist. Wie aber sollte ich Griechenland lieben? Wie ein Kind, als wäre ich da geboren worden? Oder weil mich die Freunde dort in ihre Familie aufgenommen haben, und das ist viel mehr als Ähnliches hierzulande. Oder liebe ich dieses Land »geistig«? oder »mit der Seele«?

Mit der Seele, um damit zu beginnen, und trotz Goethes fast zu Tode zitiertem Vers, mit der Seele kann man dieses Land nicht lieben. Die Seele, wie man sie hierorts versteht, ist ein allzu unpraktisches, allzu wenig sinnliches, ein allzu empfindliches Denkgebilde der Poesie und nunmehr der Pseudopoesie – diese deutsche Seele hat zu zarte Füßchen; nähmest du sie mit auf deinen hellenischen Wanderungen, sie labte sich noch an den wilden Oleandern im Bachbett, weiter oben verlöre sie schon einen beträchtlichen Teil ihres geringen Blutes an die Steine, und der Rest verkochte auf halber Höhe in der Hitze dieser flammenden Kahlheit – dann schlepptest du das Blutleere mit dir, während es steiler und noch steiniger würde, kein deutscher Wald käme zu Hilfe; und oben auf dem Gipfel stürzte – was wirklich noch übrig wäre an Gefühlsdunkel, Bedeutungsschwang und schattender Verschlingung – es stürzte vollends ins Schauen ein. Nein, die deutsche Seele ist ein arger Ballast für eine solche Fahrt, man werfe sie ab, spätestens in die feuchtnassen, nicht endenden Wälder vor Belgrad. Und der Geist? kann man Griechenland geistig lieben? Auf das Stichwort »Geist«, bezogen auf Hellas, formieren sich vor mir die Legionen der Altphilologen und Zurück-zu-Philosophen nahezu jeglicher Couleur, bilden eine Phalanx, jeder trägt irgendeines der bekannten Embleme, der ganze Horizont, alle Himmel sind voll davon. Und dann steigen sie vom Pferd, und verkünden ihre Ideologie. Scheinbar so ganz einfach, ja durchaus primitiv fängt es an: da wettern sie zum Beispiel gegen die

Barbarei des heutigen Sprechens in Griechenland – »Achilleus«, wie wohl und würdig das doch klänge; aber »Achilleffs«, so tief sei man dort ins Häßliche heruntergefallen! und da hilft kein Beteuern, der unheilige Erasmus habe den Wohlklang sehr spät erst und allein für den Norden erfunden. Hier im kleinen und beiläufigen fangen sie an, die Miß- und Unverständnisse zwischen Philologengesinnung und griechischer Wirklichkeit; das geht weiter quer durch die Geschichte, ein Riß, bis an die Sterne weit. Dabei: ohne ihren Fleiß, was wüßten wir denn ohne Archäologie und die Philologen, wo stünden wir? Aber das ist Handwerk, nicht »Geist«. Die Handwerker sind allemal den Fakten nah; nur die Ideologie, nur der »Geist« umnebelt Himmelsglut, verschwebt in die Ferne. Doch in Hellas birgt die Nähe das Geheimnis, und in der Helligkeit dicht vor Augen liegen die Rätsel unverborgen.

Wenn also nicht diese Art von »Seele«, nicht diese Art von »Geist«, was dann, der Körper? Ihm jedenfalls tut die Nähe wohl und das Konkrete, Wein, Oliven, die Geruchsfeste, das Tastbare, das nicht ins Diffuse Flüchtige, der schwierige, aber erreichbare Gipfel, und von ihm aus ein Menschenblick auf eine Menschenlandschaft, die seine Möglichkeiten nicht überdimensional übersteigt, die nicht auf etwas außerhalb ihrer selbst verweist, deren Transparenz nicht transzendiert, eine Landschaft, die birst von Hiesigkeit, und so voll ist sie davon, daß diese Hiesigkeit Gestalten aus sich entläßt, hiesige Göttergestalten; und daß diese Hiesigkeit Geschichten erzählt, die sie erlebt hat, Göttergeschichten – und wenn sie erschienen und erzählt sind, dann treten diese Kraftfelder der Hiesigkeit wieder zurück in ihre heimatliche Landschaft, aus der sie hervortraten, und in der sie für alle Zeit aufgehoben sind.

Also mit dem Körper liebe ich Griechenland? Ja, mit jenem Körper, von dem Benn sagt, er sei das Geheimnis. Die Seele dieses Körpers sitzt in der Haut, in Augen und Ohren; diese Seele fliegt aus den Pupillen über die Landschaft, saugt sie durch ihre Poren ein, horcht sie ab mit ihrem Gehör. Und der Geist dieses Körpers hält seine Formen bereit, damit aufzufangen, was der Vogel bringt. Es sind Krüge, aus dem Gedächtnis gehoben; es sind die erlernten Formen, die erfahrenen Formen – und der Geist dieses Körpers ist stets bereit, diese Formen wieder der Glut anheimzugeben, sie umschmelzen zu lassen, sie immer neu dem anzupassen, was der Vogel heranträgt.

Also mit dem Körper liebe ich Griechenland, mit ihm liebe ich die Körper: die Berge, Ebenen, Buchten, deren durchscheinende Haut der Sitz ihrer Seele ist; die Körper der Tempel, Kapellen, Hütten; die Körper der Götter und Heroen in den Museen. Und auch die Körper der Menschen auf den Straßen, Plätzen, in den Cafés; Körper, die randvoll sind mit Haß und Freundschaft, Egoismus und Hingabe, Argwohn und Naivität, aber als wären das die zwei Seiten einer einzigen Figur, die nur deshalb zusammenhielte, die nur deshalb nicht vor Spannung auseinanderbräche, weil eine dunkle Klammer sie bände, eine uns rätselhafte, aber konkrete, allgegenwärtige Empfindung: die Trauer.

Soweit also schienen die Vorbereitungen diesmal gediehen und der Aufbruch begründet: die Körperseele mußte wieder essen, der Seelenkörper mußte wieder trinken, alles mußte schauen und darüber hinfliegen. Soweit die Ankunft geklärt.

Aber ich hatte bei dieser Vorschau eines nicht gesehen, nicht recht vorausahnen können: Kreta, das ich besuchen wollte, ist nicht mehr Hellas; oder: es ist Hellas und etwas Entscheidendes darüber hinaus und dahinterzurück. Es ist eine Insel, auf der Hellas einmal zu Gast war, bevor es sie eroberte – und die fremden Gastgeber tischten reichlich das Fremde auf und gingen dann wortlos in die Fremde unter.

Das hatte ich so recht nicht voraussehen wollen oder können. Hinzu kam, alles überschattend, eine Katastrophe.
Am 21. April 1967 rissen die Militärs aus dem zweiten Glied in Griechenland die Macht an sich. Diese Machtergreifung gelang ihnen in einer einzigen Nacht. Sie benutzten dazu einen Plan, den die NATO ausgearbeitet hatte für den Fall eines kommunistischen Putsches. Die Militärs benutzten diesen Plan für ihre eigenen Zwecke. Sie verhafteten die gewählten Politiker des Landes oder stellten sie unter Arrest und nahmen alle gefangen, deren Opposition und Gegenwehr sie befürchten mußten: Schriftsteller, Künstler, Komponisten, Wissenschaftler, Journalisten. Die Militärs trieben Tausende in die Gefängnisse und auf die Verbannungsinseln. Der König, nach einiger Zeit des Zauderns, nach Rücksprache mit seiner vom Volk gehaßten Mutter, von den Putschisten bedrängt, erkannte die neue Regierung der Diktatoren an. Ihm folgten sehr bald schon die Westmächte, die Bundesrepublik und andere Staaten. Das Volk schwieg.
Wir brachen auf, vier Tage nach dem Umsturz, von allen Seiten gewarnt, ohne nähere Berichte aus Griechenland. Ich konnte meine Pläne nicht umstoßen, ich wollte selbst sehen, was aus Hellas geworden war, und ich mochte die Freunde nicht warten lassen, die uns eingeladen hatten, mit ihnen das Osterfest zu feiern.
Dieser Versuch soll sich mit Kreta beschäftigen, nicht mit dem politischen Desaster in Griechenland. Aber ich kann mich nicht, blind vor der gegenwärtigen Wirklichkeit, in die Historie zurückziehen oder in die Sensationen der Landschaften, als wären darüber hin die Klagerufe nicht hörbar gewesen. Als hätte es nicht in jeder Stunde unserer Fahrt indirekte oder drastische Hinweise gegeben auf die Gewaltherrschaft, auf den sich festsetzenden Terror.
Es begann im Norden: Die Hoheitszeichen an der Grenze

waren zugehängt worden, man hatte die Demokratie mit Säcken verhangen. Und mit Fahnen. In jedem Dorf hingen sie fast aus jedem Haus, als wollte man sich dahinter verstecken.

Unsere Freunde trafen wir in Resignation, in Groll und nach außen hin gänzlich verstummt. Die neue Geste – Zeigefinger und Daumen pressen die Lippen zusammen –, diese Geste der Unterdrückung und des schweigenden Protestes sollten wir überall auf unserer Reise wiedersehen. Man hatte den Freunden die Jagdgewehre abgenommen – eines der Attribute ihrer freien Männlichkeit –, und man verbot ihnen, ihren Chrestós, dessen österliche Auferstehung, wie üblich mit einem jubelnden Feuerwerk zu feiern. So wurde Ostern ein Fest zurückgehaltener, gleichwohl demonstrativer Trauer. Unter ihrem Zeichen entließen uns die Freunde, und wir kamen nach Kreta.

Wir fuhren auf der Insel 3 600 km mit dem eigenen Wagen, gewiß manche Strecke mehrmals, dafür viele Fahrwege nicht, die von den Einheimischen noch benutzt werden. Wir fuhren mit Bussen und gingen zu Fuß. Wie immer täuschen auch hier die Zahlen: Kreta erschien mir als ein Kontinent, der selten seinen Inselcharakter zeigt, immer aber seine kaum überschaubare Vielfalt.

Kreta erschien mir als ein Kontinent zwischen Europa und Afrika, gewiß mit seiner Schauseite nach Norden gerichtet – dort sind die meisten Ebenen, dort sind die größten Häfen und wichtigsten Städte, dort sind NATO-Basen und Flugplätze – aber die bedeutendste Ebene öffnet sich doch ans Libysche Meer, und die leiseren Ansprachen der kleineren südlichen Buchten und Häfen, die nun fast vereinsamt daliegen, sie werden noch immer überall auf der Insel gehört, sie haben für das ganze Eiland ihre Bedeutung.

Kreta erschien mir auch als ein Kontinent innerhalb der von uns überschaubaren Geschichte, an deren Anfängen er eine wortlose, aber weithin sichtbare, eine duftende, pflanzlich-wuchernde Blüte erlebt, bevor er zum Besatzungsland wird, eh die Achaier kommen, die Dorier und Römer, die Byzantiner und Sarazenen, die Venezianer und Türken, die Deutschen und nun die Diktatoren aus dem eigenen Volk – denn deren Regime wirkt auch wie eine Fremdherrschaft. All diese Invasionen ließen ihre sichtbaren Zeugnisse auf der Insel zurück, aber auch die unsichtbaren, die so schwer zu wägen sind.

Wie soll ich diese Fülle in der Vielfalt, wie kann ich Widerstrebendes, einander Überlagerndes, sich Ausschließendes und Vermischendes, wie soll ich Bergkulte und Höhlen, Paläste und hohe Städte, Befestigungen und Palmenhaine, späte Theater und frühe Basiliken, Minaretts und Wehrklöster, Fallschirmjägerangriffe und Diktatorenvisiten, wie die Götterspiele und Beschwörungstänze, Gefangenenschreie und Siegerrituale, Prozessionen und Invasionen, wie soll ich all das – und die Geschehnisse in den wichtigen Nebenbezirken, in Seitentälern, in Gewölben und geheimen Feiern –, wie kann ich diesen Taifun bewegter Bilder in eine schnell überschaubare Satzfolge zwingen? Es wird ein Mosaik werden, eine lockere Auswahl von Steinen dafür, Bruchstücke zu einem Mosaik, Skizzen für eine Reihe von Steinbildern – gegenübergestellt dem Kontinent Kreta.

Die ersten Einwanderer fanden wohl aus Kleinasien und Afrika her, nährten sich jagend und fischefangend und wohnten in Höhlen. Die danach kamen, bebauten schon ihre Äcker und errichteten Häuser aus Ziegeln über Steinsockeln, zähmten Tiere, bemalten Tongefäße und verehrten eine Mutter- und Fruchtbarkeitsgöttin. Als Zeugnisse noch späterer Einwanderer gelten Rundgräber mit Lehmkuppelgewölben; darin fand man Siegelsteine, Werkzeuge und Vasen.

Am Anfang war die Messará, größte der Inselebenen, südlich von ihrem Zentrum, eine Ebene schlechthin, wollüstig fruchtbar während des Frühjahrs, zwei Flüsse, die ganzjährig Wasser tragen, ein überall runder, schwellender Leib, die vielen Hügelbrüste daraus hervor und auf den beiden ausgedehntesten Erhebungen die Paläste, Festós und Aija Triáda. Festós, der größere, ganz auf jenen Berg hin ausgerichtet, den Doppelgipfel, wie ein Stierschädel über der Ebene, mit den kretischen Hörnern bewaffnet, die dicht am Kopf zu den Seiten wachsen und erst an den Enden der Stirn aufsteigen, das heilige Doppelhorn, so schaut der Berg in seine Ebene, und unter dem einen rechten Horn erkennt man vom Palast aus den dunklen Fleck, wie ein Auge ohne den Augapfel: die Höhle von Kamáres – eine von Hunderten, in denen Kult war seit Urzeit bis in den Hellenismus, Säle füllen sie heute in den Museen mit Weihegeschenken daraus und Vasen; Höhlen, die sich um die Ehre streiten, das Zeuskind nach seiner Geburt beschützt zu haben, die idäische Höhle zum Beispiel oder die über dem Dorf Psichró in der Lassíthi-Hochebene: Wir stiegen ihre mühsam kleinen, feuchten Stufen hundert Meter steilab in den Berg, und dort zeigte uns der Einheimische in Stein gewachsen die Windel des Zeus und Amalthéa, die ihn gesäugt hatte, den Gott – Theós, sagte der Einheimische, nicht Zeus oder Zeffs: Theós, die Ziege Amalthéa, sie also hatte den Gott genährt. Und wir sahen die viel kleinere Höhle oberhalb von Amnissós, die nach der Eileithyia heißt, ein Feigenbaum steht davor, Symbol der Fruchtbarkeit, im Neolithikum war dieser Erdschoß bewohnt, die Minoer brachten hier ihrer großen Göttin die Opfer, in der Mitte der Höhle steht noch immer steinern der heilige Phallos.

Über 300 kretische Höhlen haben die Wissenschaftler untersucht; in einer von ihnen habe Zeus den Minos empfangen und ihm dort seine Gesetze gegeben. Die Augenhöhle, Kamáres, im Stierberg über Festós, dem Palast auf einem der

schönsten Hügel in der schönen Messará – auch die Griechen suchten für ihre Bauten Plätze, die wir heute als ausgesucht schön empfinden; aber diese Schönheit hätten die Alten nicht gesehen, sie wären immer nur ihrer strategischen Einsicht gefolgt, als müßten das Gegensätze sein; für die Minoer jedenfalls hatte Strategie zu Lande keine Bedeutung, die Paläste lagen immer unbefestigt da auf einem Hügel inmitten einer kleineren oder größeren Ebene, nicht sehr weit vom Meer entfernt, fast ebenmäßig rings von Bergen und Hügeln umgeben wie hier in Festós, drüben in Knossós, in Mállia oder in Káto Zákros, wo der jüngst entdeckte Palast auf einer schmalen Kuppe liegt, gleichweit weg von den umgebenden Felsbergen, die ein regelmäßiges Oval bilden, das sich in der regelmäßig geformten Meerbucht fortsetzt, wo die einstige, die ruderschnelle Wehr, wo die Schiffe lagen, mit denen Minos einen beträchtlichen Teil des Mittelmeeres beherrschte.
Die schöngelegenen Paläste also, deren viele, reichbestückte Magazine sie heute bewundern, ihre mit Stuck verzierten Bäder, das Raffinement der Bewässerung und Kanalisation, Heizung und indirektes Licht. Aber was geschah in den kleinen, offenbar dunklen Gängen und Kulträumen, die noch heute das heilige Zeichen tragen, in den Stein gehauen, die Doppelaxt – als winzige Kunstwerke, Amulette, Halsgehänge sieht man sie vielfältig gestaltet im Museum – was geschah unter dem Zeichen der Doppelaxt in den Palästen? Es gab hier keine Tempel und es herrschte das Matriarchat, auch die chthonischen Götter genossen wohl hohe Verehrung. Gibt es, über Jahrhunderte hinweg, Beziehungen zu Eleusis, zu Epidauros, zum Trophónios-Heiligtum bei Levádia? Diese vor der olympischen Region rätselhaften Kulte der Heilgötter mit Traumorakeln, der Todes- und Fruchtbarkeitsgötter in der Erdtiefe – gibt es einen verborgenen Pfad von ihnen in die dunklen heiligen Kammern der kre-

tischen Paläste? Und was geschah auf den vielen Treppen, den freischwingenden, weithin einladenden, den hochgemuten Treppen, ihren sanft nach außen oder innen geschwungenen Stufen, Orte für königliche Auftritte, für das herrschaftliche Schreiten vielfarbiger Prozessionen, für eine wahrhaft göttliche Erscheinung aus der Erdtiefe oder oben aus dem Sonnenlicht? Dieses Treppenhaus in Knossós – nie war mir bisher Treppenhaus mehr als ein Wort gewesen –, in Knossós gibt es ein Haus für eine Treppe, mehrstöckig, ungewöhnlich weit gestaltet für die sonstige Enge minoischer Räume; oder war das nur die Phantasiegeburt des Ausgräbers und emsigen Nachgestalters Evans? Aber diese jubelnden Freitreppen in allen Palästen sind echt. Was geschah auf ihnen? Keiner weiß es. Und was geschah in den weiten Zentralhöfen unter dem Zeichen der Lábrys, der Doppelaxt?

In Knossós erinnerte ich mich an Theseus, Ariadne, an den Minotauros; an diese offenbar verkürzte, von Athen tendenziös aufgemachte Sage, die nicht so recht zu der Hochachtung passen wollte, die man Kreta und dem Minos in allen anderen Zeugnissen zollte. Und ich erinnerte mich an einiges, was ich da und dort gelesen hatte, und so erschien mir die Geschichte von Theseus – unter der kretischen Mittagshitze und neben dem Mittelhof des Palastes von Knossós – ein wenig anders verlaufen zu sein, als sie die Athener uns später erzählt haben:

Theseus mit seiner Schar kam nicht über das Meer, um einem Ungeheuer, dem Stiermenschen Minotauros zum Fraße vorgeworfen zu werden, nein, er landete in Amnissós, dem Hafen von Knossós und war mit den Seinen ausersehen, vor dem Gott und mit ihm selbst das gefährliche Spiel zu spielen. Schon am Hafen bereiteten sie den Athenern einen kultischen Empfang, die Gehilfen der Priesterin, die vielleicht Ariadne hieß, oder eine aus dem Chor der Priesterinnen hieß so; die Gehilfen also nahmen sie feierlich in Empfang, Theseus und die Seinen, und sie geleiteten sie dem Fluß entlang über den gepflasterten Weg, wunderten sich vielleicht über die fremde Anmut der Menschen, die ihnen entgegenkamen, über die Pracht ihrer Gewänder und Geschmeide und wie auch die Männer hier zart gebaut waren, klein, schmalhüftig und überaus schlank. Ganz sicher erschraken sie, obwohl doch durch viele Erzählungen vorbereitet, als der Palast plötzlich dastand, dieses unüberschaubar ineinander und über sich hinaus gewachsene Gebilde aus vielen Palästen, nicht eigentlich wuchtig – die Burgen daheim wirkten mächtiger und im Gegensatz zu diesem dort ganz düster – das hier glich einem unaufhörlichen Gewächs aus kleinen und winzigen Zellen. Weite Treppen führten dahin, aber seltsam verschlungen und wie beiläufig zu den Eingängen gelangt; so erreichten sie eines der unteren Tore. Und man hätte ihnen nicht einmal die Augen verbinden müssen, um sie zu verwirren, auch so, mit freien Augen, verloren sie bald jede Orientierung, während sie da und hier im Winkel hin und quer gingen, eine Treppe hinauf, durch einen kleinen Einlaß wieder im Winkel geführt, zur nächsten Pforte, halb dunkle, sehr schmale Gänge, ganz finstere Räume, die nur wenig hallten, wieder auf Mauern zu – und von überall begann es nun zu zwitschern, oder es schien so, zu blühen, zu lächeln; denn überall schritten oder standen, allein oder in Gruppen, vielfarbige Menschen gemalt an den Wänden oder tauchten leibhaftig auf aus dem Schlagschatten in der Deckenöffnung und verschwanden tänzelnd in dem Flirren, das unerwartet durch die Fenster stürzte. Endlich also vor dem König im Thronsaal – auch dieser Raum viel kleiner als in den Burgen zu Hause, aber welche Zierlichkeit, welche rankende Fülle, selbst der Thronsessel schien zu lächeln.

Vielleicht waren die nächsten Wochen mit dem heiligen Training ausgefüllt; und Theseus schärfte den Seinen ein, wie das tödliche Spiel doch zu gewinnen wäre, das dann ausbrach an einem Morgen oder abends oder in der hier und auf der Weite des Hofes noch schrecklicheren Mittagsstunde, aus deren Tiefe der Stiergott nun auf sie zustürzte, die Hörner senkte, einer ergriff die Hörner, ließ sich von ihnen über den Schädel des Tieres hinwegschleudern, stand auf dem zuckenden Rücken, sprang davon ab wie erneut hochgeworfen, überschlug sich abermals und dann fing ihn einer der Seinen auf. Es raunte durch die Gesellschaft, die den Mittelhof säumte, unter den vielen Zeichen des Doppelhorns, die Priesterinnen in den Logen der ersten Etagen, die Damen des Hofes, die Brüste unbedeckt, das üppige Haar hochgebunden, davon schlängelten sich wuchtige Locken über die Stirn und an den Ohren vorbei zum Hals. Ein Raunen also, und Ariadne hatte ihn gesehen; und sie fand schon den Weg von der Empore die Treppen abwärts durch die Gemächer, Zuwege, Kammern, durch Gänge, Zimmer, Korridore, neben Magazinreihen vorbei die tieferen Treppen hinunter, durch Winkel und verstecktere Gänge, durch Sälchen, Passagen und Innenhöfchen, die schmale Stiersteige abwärts zu seinem Quartier, zu Theseus. Und gemeinsam fanden sie auch zurück durch den Palast bis zum König oder zu dessen Sohn und Statthalter, zum Minotauros, dem Ungeliebten, den Theseus nun tötete, während ein Grollen unter dem Palast herlief, ein Dröhnen aufbrach vom Meer her, daß der Palast stöhnte und schütterte, die unteren Götter also den Aufruhr oben unterstützten, und es gelang Theseus durch Brand und Zerstörung mit den Seinen zu fliehen und mit Ariadne, der Priesterin.

Der Priesterin eines Mutterkultes innerhalb des Matriarchats, ein Matriarchat, das Ariadne vielleicht auch auf Naxos antraf, aber in einer noch älteren, grausameren Ausbildung, wo man alljährlich den König schmückte und ihn Dionysos nannte; und dann trieb man ihn in die Berge, die

Weiber hetzten ihn, fingen und zerfleischten ihn: vielleicht landete Ariadne mit Theseus zur Feier des Dionysosfestes auf Naxos, und die Priesterin verfiel dem schrecklichen Kult. Theseus aber und die Seinen, als sie Ariadne sahen, wie sie verkrallt war in den toten Leib des Dionysos, sie flohen von der Insel. Theseus mochte in Athen von allem berichtet haben; so wurden die Segel gesetzt, und die Achaier landeten dann in Amnissós, viele Achaier. Sie sahen, wie die Herren von Knossós dabei waren, ihren Palast nach der Katastrophe schöner und größer wieder aufzurichten. Doch die Achaier verließen deshalb nicht gleich die Insel, vielleicht, weil sie sahen, wie viele Schiffe von der Flotte des Minos das Erdbeben zerstört hatte. Deshalb ernannten wohl die Achaier einen der Ihren zum Bevollmächtigten, ehe sie wieder in ihre Schiffe stiegen. Und dieser Bevollmächtigte blieb auf Kreta nicht ohne Einfluß; denn in Pylos, Tiryns und Mykene wuchs nun der Goldschatz, und es kamen nun viele kretische Handwerker an die Höfe der Achaier, und der Handel blühte, und seine Erträge wurden immer reicher für die mykenischen Herren.
Minoer und Achaier – die Symbiose ist seltsam und ganz ungeklärt. Kein Anzeichen der Abwehr auf der einen Seite, und auf der anderen die gierige, alles aufsaugende künstlerisch-religiöse Lernfähigkeit. Oder etwa nur die künstlerische, nicht auch die religiöse: der kretische Zeus, der kretische Dionysos, ja sogar die kretische Stadtgöttin Athene; Britómartis, die »süße« kretische Jungfrau als Tochter des Zeus und der kretischen Artemis: Díktynna – sie sollten, und noch vieles mehr, ohne Einfluß geblieben sein in den Lebensgeschichten der hellenischen Götter? Die Gelehrten streiten sich derweil noch immer mit Hilfe von Analogien und Etymologien.
Aber die kretische Kunst, soviel ist doch sicher, was wäre die der Achaier ohne sie? Unwillkürlich denkst du an Rom

und wagst wieder die heiklen Vergleiche – nachdem nun auch das Löwentor zur mykenischen Burg nicht griechisch sein soll, sondern wohl auch minoisch. Gewiß, als Krieger waren die Achaier autochthon und als Festungsarchitekten: die sieben Meter dicken Mauern ihrer Burgen imponieren uns Heutigen noch gegenüber der atomaren Bedrohung; und die Strategie des Straßenbaus überallhin durch das Land: auch das hatten die mykenischen Ritter mit den Römern gemein. Aber die Goldmasken? Vorläufig sind sie es und die monumentalen Entwürfe der Kuppelgräber, die für das ureigene Planen und Gestalten der Achaier beispielhaft sind. Sonst aber saugten sie sich voll mit allem, was ihnen von Kreta aus noch immer zukam.

Die Treppen des Minos – Theseus im Spiel mit dem Stiergott –, die Schüler aus Mykene. Und dann: die dorische Annexion. Von 1150 an drangen sie unaufhaltsam nach Süden vor. Endgültig, wenn auch allmählich, zerfielen die minoischen Kulturstätten. Die einheimische Bevölkerung sank, wenn sie nicht hinter die Berge in den Ostteil der Insel floh, zur Sklavenklasse herab. Gleichzeitig begannen auch hier die »dunklen Jahrhunderte«, die Phönizier beherrschten das Mittelmeer. Und an einigen Orten Kretas entwikkelte sich allmählich die Macht der spartanischen Aristokraten mit ihrem neuen, jahrhundertelang verteidigten Gesellschaftssystem.

Die Dorier, sagt man, seien von Norden her eingefallen und hätten auf ihrem Wege die Burgen der Achaier und danach auf Kreta die ausklingende minoische Kultur zerstört. Aber die Dorier waren nachweislich nicht so viele, um so vieles in so kurzer Zeit vernichten zu können. Deshalb sagen andere, die von den Ägyptern sogenannten »Seevölker« wären in unübersehbaren Scharen sengend, belagernd, alles fast ohne Rest zerbrechend nach Süden vorgestoßen, auch Kreta hätten sie dann besetzt, und mit den Kretern als

Söldner seien sie schließlich – »Kreti und Pleti« – in Palästina erschienen; selbst das ägyptische Reich wäre durch sie in die schlimmste Gefahr geraten. In dem entleerten und verbrannten Raum, den die »Seevölker« hinterlassen hatten, kamen die viel kleineren Gruppen der Dorier an, und dort war es nicht schwer für sie, das wenige, was die Katastrophe übriggelassen hatte, in Besitz zu nehmen. Wenn es wirklich so gewesen ist, klärt sich manches; auch, weshalb die Finsternis der »dunklen Jahrhunderte« für uns so undurchdringlich blieb.

Auf Kreta errichteten die Dorier etliche hohe Städte. Zum Beispiel Lató. Um das zu sehen, fuhren wir entlang den Nordausläufern des Díkti-Gebirges in den östlichen Teil der Insel, nach Ájios Nikólaos. Das ist ein inzwischen durch die Reiseprospekte zu schrillem Ruhm aufgestiegenes Städtchen an der noch immer zu Recht gefeierten Mirabéllo-Bucht. Dort am Strand vor der Stadt haben die Amerikaner ein beträchtliches Stück zur »Minos Beach« ernannt, und sie errichteten da eine Bungalow-Hotel-Siedlung. Von dorther überschwemmt es nun die Stadt, versammelt sich am Abend in ein paar Hafenlokalen, das in die Nacktheit verkleidete Fleisch, jung oder verwittert, schaut etwas hilflos in dieses komplizierte Altertum, das aus den Gesichtern, Liedern und Tänzen aufkommt und nur mit sich selbst im Gespräch ist. Das sich dann später in der Nacht vom strähnigen Sex, von der buntbedruckten, ratlosen Sicherheit der niemals Erfahrenen mitreißen läßt zu einer schnell improvisierten, höchst absonderlichen Mischung aus Totem und Tinnef, aus uraltem Alter und moderner Veralterung. Das verdirbt natürlich auf die Dauer ein bißchen die Preise und auch ein bißchen die Bräuche und ein bißchen die Gesichter – die übrigen Kreter aus der Umgebung grinsen in ihre Erinnerung hinein und sagen: Es sind Verrückte, die in Ájios Nikólaos.

Indessen, wie überall, muß man auch von hier nur sehr wenige Kilometer hinter sich bringen, um außerhalb zu sein, weit weg, sehr fern von »Minos Beach«; zum Beispiel in dem für Kreta ungewöhnlich großen Dorf Kritsá, wo sie die selbstgefertigten Webarbeiten zeigen und kreto-byzantinische Malereien aus dem 14. Jahrhundert: diese »Kirche der Mutter Gottes, der Herrin« wäre hierzulande ein ständiges Pilgerziel. Von dort führt ein Sträßchen hinauf an den Fuß von Lató.

Auch da saßen die Minoer, eine ihrer festlichen Treppen bezeugt sie. Die meisten der dortigen Ruinen aber sind dorische Überreste. Man steigt zwischen Wildgewächsen und neben Grundgemäuer her ziemlich steil an, erreicht oben eine ebenmäßige Senke, ein nicht sehr ausgedehntes, überaus wohlgeformtes Hochtal von dessen Langseiten zwei Gipfel aufragen, die Träger zweier Akropolen, von denen herab, überschaubar in der ungewöhnlichen Talsohle, das Ausgrabungsgebiet liegt, die Basen zweier Rundbauten, je eine am Aus- und am Eingang, wie zur Bewachung des Sattels, darin die freigelegten Reste von Häusern, Straßen, Zisternen, der Agorá mit Magistratsgebäude und Tempeln – eine umfänglich-fruchtbare Siedlung sei es gewesen über der Fruchtbarkeit dieser Öl- und Mandelbaumtäler, wuchtig noch neben den herschwingenden Ausläufern der Díkti; und in der Ferne – freilich nah genug, die wichtigsten Bewegungen deutlich auszumachen – fernher diese von hier aus nun doch unerbittlich ins Staunen hochzwingende Bucht, als hätte sie Dädalos entworfen, die in allen Maßen noch vibrierenden Lebenslinien ihrer Küste.

Hier saßen sie also, die Aristokraten von Sparta, hochstilisiert in steile Kulturlosigkeit – Sklaven bestellten die Äcker, verrichteten jegliche verpönte Arbeit, der Handel war so suspekt wie das Schreiben, Kunst galt nur, soweit sie dem künstlichen Herrenverband nützte. Welch ein absurdes Un-

ternehmen: eine extreme Gesellschaftsform aufzuzüchten, sie am kahlen Leben zu erhalten durch die Jahrhunderte, kaum in ihrer Struktur verändert, keinen Ehrgeiz als den politisch-militärischen, schwarze Suppe und blutige Zucht, mit nahezu allen Mitteln und Konsequenzen aufrechtzuerhalten, Euthanasie bei den Kindern, Männerbündlerei, waffenstarrende Idealität – die Aristokraten Athens haben uns diese Abseitigkeit, aus ihrer Opposition gegen die vielfältigen, hohen und häßlichen demokratischen Wach- und Alpträume, doch allzu schönfarben geschildert.
Vom kretischen Lató aus und gegenüber einer wie von Künstlerhänden gestalteten Landschaft, gegenüber dem sinnlichen Reichtum ihrer Aussage wirkt die spartanische Absurdität noch schmerzlicher: dort unten die Sklaven, Nachkommen des Minos, welch ein Erbe hinter den Stirnen und unter welchen Herren in der Knechtschaft! deren beträchtliche steinerne Zeugen nun aus dem Maquis aufflakkern, während sich die Abendsonne jedes einzelne der weißen Häuser von Kritsá zur Bleibe aussucht.
Vor dem Hinuntersteigen noch ein Fazit: das mit allen Schrecken doch bewunderte militärisch-strategische Kalkül in seltsam einheitlicher Verbindung mit der ästhetischen Faszination dieser hohen Ortschaften – so wirkte Lató im Osten, so Polyrrhínia im Westen der Insel, die andere Dorierstadt über dem Golf von Kissamos in ähnlich erschauernd und irritiert genossener Höhe: Beispiele dorischer Annektion auf Kreta, nachdem der wie aus Urträumen erblühte Minoer-Kosmos dahingewelkt war.
Es kam zunächst nicht viel nach. Die Insel zerstritt sich im Schlagschatten der Klassik, die drüben auf dem Festland und den zu ihm hinsehenden Inseln heranreifte. Auf Kreta trieb man kleinen Handel, pflegte mäßigen Wohlstand, zwang sich mühsam zu sporadischen Zusammenschlüssen einzelner Gemeindewesen. Man blieb im Schatten des gro-

ßen Geschehens und war trotzdem eine zwar seltsam ferne, aber erstaunlich wachgebliebene Sage, ein göttlich-unwirkliches Eiland, dem die Griechen so vieles, soviel längst Vergessenes dankten, dessen reale Herkunft nun verschüttet war. Dieser Dank und seine Ursprünge wirkten eigenartig entrückt und schienen gänzlich aufgegangen in die vervielfältigten Variationen innerhalb des labyrinthischen Systems der griechischen Mythologie.

Der Ort einer dieser Varianten, einer kryptischen Variante, liegt umschlossen von den Weißen Bergen. Dorthin fuhren wir von Chaniá aus nach Süden hinauf zur Omalós-Hochebene – kleiner ist sie als das Lassithi-Hochland unterhalb der hohen Díkti, dieses fruchtbare Talrund mit den mehr als zwanzig Ortschaften, neben denen sich vom späten Frühjahr an Zehntausende Windmühlen drehen, um das Grundwasser in die Äcker zu pumpen; wir waren dort in die Zeushöhle bei Psichró abgestiegen – viel kleiner also die Omalós-Ebene und noch höhergelegen in den Weißen Bergen, nur der einzige Ort Omalós betreut sie, der einwärts unter dem Paß liegt; man durchquert auf dem holpernden Weg die Ebene und hält unterhalb des Gingilos-Gipfels, einem grauen Leib, wie von Barlach über die Maßen zum Himmel gewölbt, unterhalb dessen also hält man in elfhundert Metern Höhe. Von dort beginnt der Abstieg, einen steilen Kilometer tief, zunächst auf der angelegten Steige nicht sehr mühsam, doch die grauen Wände wachsen schnell und treten immer dichter heran; dann teilt sich unten ein Bach mit dem Pfad das schmälere Tal zwischen Felsen, Bäumen, Gesträuch; die düstere Tiefe wächst und beklemmt, ein zweiter Bach mündet hinzu, herüber und hinüber das schnelle, helle Fließen überspringend; und endlich passiert man ein hochragend-schmales Felsentor – und betritt, von der Überraschung befallen, eine in ihrer Milde und Sanftmut ganz unwirkliche Gegend. Nach dem bösen Raffinement der sich

von Stufe zu Stufe abwärts steigernden Verdüsterung, nach einer wie von Akt zu Akt schlimmeren Gefahr öffnet sich gänzlich unerwartet dieses befreiende Tal, wie ein gleichmäßiges Dreieck mit überall abgerundeten Schenkeln; die Abfälle und Steilstürze von den Gipfeln oben scheinen nur noch mit Vorsicht und sehr zögernd herabzufallen und sanft schwingend hierher auszuatmen. Wie muß dieses Ereignis auf jene gewirkt haben, die einmal als erste ohne Vorwissen dort ankamen, und zwar auf dem natürlichen, aber grausamen Schluchtweg von der Küste her und nicht wie wir oben aus dem Gebirge!
Vom Meer heransegelnd waren sie in der mäßig breiten Bucht gelandet, hatten die Schiffe auf den Strand gezogen und folgten nun von seiner Mündung aus dem Bachbett einwärts, während die Felswände sehr bald um sie näherkamen. Plötzlich verstummte in dem Bachbett der Wasserlärm, und alles Pflanzliche zog sich an die Hänge zurück, die nun immer dichter und verdunkelnd aus dem trockenen Kies von dem Felsgeröll hochragten, die sich oben in ihrer Höhe einander zuzuneigen schienen, eine über den Köpfen und in der immer schmäleren Sicht sich auftürmende Bedrohung, als stürzten sie nun alle waagerecht in die erstarrten Eingeweide des Gebirges, während sich noch ihre Füße weglos in dem knochigen Gestein weitertasteten, über den kahlen, trocken tönenden Grund dieser nicht endenden Stunden, gräßlicher Un-Weg für eine über die Maßen verödete, in ihrem Angstschacht schweigsame Pilgerqual. Jählings, schon lange nicht mehr vermutet, öffnet sich ihr das Tor: öffnet sich in die Erscheinung dieses Tals, in die nach allem Entsetzen dröhnende Anmut, nachhallend in den gemarterten Köpfen, die sich noch ungläubig vorfühlen, nun angenommen und geführt von der Geste der Landschaft, ihrer erlösenden Einladung zur Wiederkehr ins Hiesige, in die Befreiung, ins aufatmende Fest, das nun anhebt mit Tempel-

tanz und Orakellied. Zur Feier der »süßen Jungfrau« Britómartis, hier wurde sie geboren; zur Feier der Nereïde Akakallís, Tochter des Minos; zur Feier Apollons schließlich, der hier ein Orakel hatte – obwohl das von vielen bezweifelt wird. Aber wem, der Delphi kennt, erschiene der Ort Samariá nicht wie kaum einer sonst Delphi verwandt! und ein kretisches Schiff war es doch, in das sich Apollon als Delphin schwang, das er nach Kírra lenkte, zum Hafen von Delphi, kretische Schiffsleute waren es und dann seine ersten Priester. Heute wachsen im oberen Teil dieser Talsohle, tief unter den Gipfeln der Weißen Berge, neben einer Quelle Pinien und Zypressen; und es steht dort eine Kapelle des heiligen Nikolaus.

Kretisches Mosaik – von den Römern kommen die nächsten Steine. Die Insel war in Verruf geraten, voller Piraten zu sein; Söldner und Lügner hausten dort, Paulus, der Schiffbrüchige, stimmt in den Klagechor ein. Jedenfalls gab es Händel und Streitereien, aber keine Obermacht. So lag nahe, den Versuch zu unternehmen, die Händel zu schlichten. Die Römer unterzogen sich dieser Mühe, obsiegten wie sooft und blieben als Herren wie sooft: die Insel wurde Provinz des Römischen Reiches, Gortis hieß die neue Hauptstadt.

Und damit sind wir noch einmal in der Messara. Wir besuchten dort Pétros, den wir schon kannten, den Wirt, der mit seiner Frau ein kleines Speiselokal schmackhaft betreibt. Pétros, ein Hüne mit Schnauzbart, mächtig ovalem Gesicht und den dunklen kretischen Augen. Wie die meisten auf der Insel und anders als die Festlandgriechen hatte er länger gezögert, aus Diskretion und aus Vorsicht, bis er seine gleichwohl vorhandene Fremden- und Gastfreundschaft doch zeigte. Dann allerdings brach sie sehr rasch auf, sprang gleichsam aus ihm heraus – wie aus den ganz in ihre ferne Trauer abgetauchten kretischen Gesichtern plötzlich das Lachen in die allernächste Nähe vorspringen kann – so brach also die Gastfreundschaft aus Pétros auf am zweiten Abend und nach etlichen Gläsern Rakí, dem kretischen Trester. Alle Gäste waren gegangen, zuletzt ein wippendes, linkisches und sehr angelsächsisches Geschöpf, das seine armselige Freude wie ein Vögelchen überall hinfallen ließ – uns schien das sympathischer als die breitlachenden deutschen Schenkel; aber Pétros sah dem Vögelchen nach mit einer so uralten, so hochragenden Ironie, daß deren Spitzen oben schon wieder über- und zurückzuschlagen schienen in schieres, dumpfes, animalisches Mitleid. Diese Ironie von Pétros war ganz sicher ein Selbstschutz, zugleich aber hatte sie sich von ihm abgelöst und war ein ganz formales Ritual geworden, in das man die Qualen und Querelen einer zweieinhalbtausendjährigen Besatzungsgeschichte abschieben und objektivieren konnte. Pétros sagte – und er sah dabei über den flimmernden und nach der Ernte unfruchtbaren Leib der Messará – Pétros sagte: »Die amerikanische Demokratie ist die beste Demokratie der Welt. Die Regierung in Athen ist die beste Regierung der Welt.« Und dann holte Pétros seinen beträchtlich entfernten Blick aus der Messará zurück, schaute mich arglistig an und sagte: »Macht nix, Joannis, macht nix.« Das sagte er auf Deutsch, dieses »dhem berási«, eines der Herzwörter der Griechen, macht nix. Darauf konnte man ausruhen, darauf konnte man sich setzen und lange zuschauen. Aber man konnte auch sehr plötzlich vom »macht nix« aufstehen, das Gewehr nehmen und in die Berge steigen. Páttakos dürfte dieses »dhem berási« fürchten, der abtrünnige Kreter – ein Kreter sei kein Faschist, sagte Pétros.

Macht nix, Joannis, macht nix. Wie die meisten Griechen mochte er die Deutschen zunächst einmal und haßte zunächst einmal die Türken und Italiener. Weshalb eigentlich diese, das habe ich nie so recht begriffen. Vielleicht haßte

Pétros in ihnen die Römer? Das schiene mir immerhin nicht so ganz unverständlich, wenn man, wie die Griechen, ein sehr altes und entsprechend verschlungenes Gedächtnis hat.

Die Römer also und Górtis, die Hauptstadt ihrer Provinz Kreta. Man sieht nicht mehr soviel davon. Ein Odeon und anschließend das in Stein gehauene griechische Stadtrecht, die längste uns erhaltene Inschrift, altertümliches Dorisch, um 500 datiert. Die Römer mochten daran ihre Freude gehabt haben, diese Rechtsexperten, gesetzesgläubig wie viele Eroberer und konservativ. Gesetzesstraßen und Fahrstraßen: solche Bauwerke sind ihnen eigen – alles andere ist vergröberte Nachahmung.

Das Odeon, Reste eines Prätoriums, Aquädukte, Marktplatz, Stadion und Stadttore – alles halb versunken in vom Unkraut überwucherten Feldern und unter der Melancholie altsilberner Olivenbäume. Byzanz und das Christentum traten ein vorläufiges Erbe an; dafür spricht die Ruine der Basilika des heiligen Titus aus dem 6. Jahrhundert, des ersten kretischen Bischofs; der Bau, sein allein noch verbliebener Chor, ist nun ein Dorado für die Vögel.

Rom, Byzanz, dann die Araber: Seeräuberbanden unter der Führung eines mit Namen Abu Hafs Omar nahmen Górtis ein, überrannten ganz Kreta und degradierten die Insel zur Basis für ihre Piraterie. Selbstverständlich hinterließen die Sarazenen nichts auf der Insel. Das heißt, man schrieb ihnen später zu, sie seien die Ursache gewesen für eine nicht überaus bedeutsame Absonderlichkeit der Natur auf Kreta. Die Reiseführer, die den Mund so voll nehmen, daß unsere Phantasie davon überlief, sie verführten uns zu dem törichten Ehrgeiz, wir müßten diese Absonderlichkeit der Natur gesehen haben.

Wir durchstreiften zu Fuß den Osten der Insel, hatten Káto Zákros erreicht und waren von dort durch das »Tal des

Todes« aufgestiegen, eine, verglichen mit der Samariá, kleine Schlucht, wenige Kilometer lang, die rötlichen Wände wohl bis zu hundert Metern hoch, darin Höhle neben Höhle, früher als Grablegen benutzt, deshalb der Name. Noch heute wirkt der Ort todesverhangen, obwohl in seinem trokkenen Bachbett, wie in den vielen sommerlich trockenen Bachbetten Kretas, hohe Oleanderbüsche in Blüte standen. Aber darunter dufteten und erhoben sich vielfarbig geil böse Gewächse, und darüber krächzten die schwarzen Vögel.
Das hatten wir also überstanden, fuhren dann nach Norden bis an den Anfang des nordöstlichen Zipfels der Insel und machten uns, schon von allem Anfang erschöpft, auf, das Naturereignis zu finden. Wichtiger, viel wichtiger wäre gewesen, das antike Heléia ganz in der Nähe anzusehn, oder ebenfalls ganz in der Nähe, bei Palékastro, unserem Ausgangsort, auf dem Hügel von Petsofás ein minoisches Gipfelheiligtum zu betrachten. Und später, als wir endlich am Ziel waren, das ebenfalls ganz nahe antike Ítanos zu erforschen – all das wäre nützlicher gewesen, aber so weit reichten unsere Energien nicht. Wir waren auf die Überbleibsel der Sarazenen eingeschworen, hielten Kurs darauf zu und dabei wieder einmal einen kretischen Sturm aus. Kreta und die Stürme – ein bemerkenswertes Kapitel, besonders wenn man, wie wir, mit dem Zelt unterwegs ist. Dafür gibt es keinen Windschatten, weil die Stürme ständig wechseln rings um die Windrose. Das begann, für uns aus heiterstem Himmel schon in der Messará, steigerte sich in Ájios Nikólaus, in Mállia – böse grün dröhnte das Meer und blauschwarz kam die Antwort aus der Díkti – das war in Réthimnon so, in Chaniá, in Iráklion; das war überall so auf den wie vielen kleinen ausgesetzten Paßhöhen hinüber zum Libyschen Meer. Das ließ uns Ierápetra kaum erkennen; diese größte Stadt an der Südküste lag unter dem Sturm von der Wüste her – ein gelb-rötlicher Sturm, der die

Straßen leert; und wir schauten mit zusammengekniffener Anstrengung auf das, was er uns zur mühseligsten Betrachtung noch übrigließ.
Nun also auf der Suche nach den Zeugen der Sarazenen wieder im Sturm. Er kam über eine kleine, doch höchst eindrucksvoll deprimierende Hochsteppe; unser Trinkwasser war zu Ende, nur noch ein paar Oliven, salzig, in Bereitschaft. Endlich, nach einer letzten, zäh erreichten Wegbiegung die erste, allerdings sehr stattliche Palmengruppe, dann noch weitere Gruppen, ein Palmenhain krachte im Sturm, einen Wald konnte man, nicht sehr übertreibend, erkennen, der zog sich – und wir gingen darunter hin – bis an die intim geformte Bucht mit dem ungewöhnlich feinen Sand. Hier also hatten die Sarazenen gelagert, ihre Dattelkerne ausgespieen, und das war, berichtet die Volkssage, daraus geworden. Trotz aller Erschöpfung regten uns die Palmen, ihre bösen, schwertharten Blätter, zur Bibelkritik an: selbst die Esel in ihrer weisen Geduld hätten sich wohl geweigert, mit ungeschützten Hufen über diese starren, messerscharfen Blätter hinwegzuschreiten.
Und noch eine ernstere Erkenntnis kam uns im nachlassenden Sturm auf dem Rückweg: dieser regelmäßige Bergkegel dort, die kleine Díkti, die schon seit Tagen unseren Besuchen im Osten Kretas zugesehen hatte, sie konnte wegen ihrer Lage und Gestalt sehr wohl hohe Bedeutung im Zeuskult gehabt haben – anders als vom Schreibtisch daheim zu vermuten war.
Die Araber hatten, außer dem Palmenwäldchen bei Vai, nichts auf Kreta hinterlassen. Aber Byzanz, Venedig, die Türken: diese Trias formte die Insel während des kretischen Mittelalters, das heißt, sie errichtete, zerstörte, renovierte und veränderte immer wieder das Aussehen jener drei größeren Städte, die Kretas Eigenart und Bedeutung heute nach außen repräsentieren und für den Ankömmling

formulieren: Chaniá, Réthimnon, Iráklion; die Regierungshauptstadt, die geistige, wie man sagt, und die Touristenmetropole.

Dabei scheint von Venedig am meisten in die Gegenwart überkommen: Hafenanlagen, Zeughäuser und Zitadellen, Forts und ganze Stadtmauern, Docks und Kirchen (in Chaniá zählt man noch 23), Loggien und Brunnen. Danach kamen die Türken mit Moscheen, Minaretts und wieder mit Brunnen. Der byzantinische Einfluß ist stiller, weniger augenfällig, dafür – geistig-religiös – dominant: Ikonen, Bücher, Liturgie, vor allem aber die Klöster, Fluchtstätten zunächst, als Konstantinopel gefallen war – von dort kamen Künstler, Gelehrte, Priester auf die Insel –, später waren die Klöster Außenposten der Orthodoxie und schließlich ihre Verteidigungsstätten in der Einsamkeit unzugänglicher Täler, Buchten und auf Bergzungen.

All das sind wohl Zeugen auch des künstlerischen Glanzes, strategisch-wirtschaftlicher Aufschwünge, religiös-geistiger Machtentfaltung in über sechshundert Jahren Fremdherrschaft; aber dahinter, ganz dicht unter der Oberfläche riecht man den blutigen Untergrund: Aufstände, Gegenrevolten, Vergeltungs- und Entsatzaktionen; Brandschatzen, Plünderei und Mord: vor allem in den beiden Jahrhunderten unter der Türkenherrschaft, 600 Jahre also Kollaboration und Widerstand, listige Unterwanderung und töricht-mutige Trotzhandlungen, Brutalität mit der Verrohung im tödlichen Gespräch. Das entlud sich von 1821 ab – eleftheria i thánatos! Freiheit oder Tod! – in immer neu aufbrechenden, gräßlich bluttriefenden Wellen des Widerstandes und der Gegenwehr.

Sie kommen zögernd-gravitätisch die Straße des 25. Augusts herauf, starren finster über den tristen Souvenir-Pomp, taxieren mit grober Diskretion eine schockfarbene Menschenherde, die zum Hafen treibt, stehen, in sich selbst abgesunken, vor dem Vier-Löwen-Brunnen des Morosíni, in schwarzen Stiefeln, die bauschigen Hosen darüber, dunkel das Hemd und der Pullover, Gesichter, als wären sie voll tiefer Narben, düstere Augen unter dem Kopftuch, die bunt bestickte Wolltasche über der Schulter, den Krummstock in der Faust; das geschmückte Messer blieb zu Hause und die Flinte, es gibt ja nun keine Gefahr mehr für sie. Das ist noch gar nicht so lange her, seit sich für die Sfakioten die Provinz öffnete nach über 600 Jahren. Die Venezianer hatten die Hochtäler unter den Weißen Bergen gemieden, auch die Türken. Abkömmlinge der Sarazenen seien sie, der Römer, der Dorier, der Achaier gar. Andere bohren ihre einsamen Stollen noch tiefer zurück in die Geschichte: sie seien Etéokreter, die wirklichen Kreter, noch von Minos kämen sie, kein Dorier, kein Römer, kein Sarazene habe sie dort oben aufgespürt.

Ich sah sie sitzen in ihren Bergnestern – schmale, gewundene steinige Paßstraßen führen dorthin, enge Schluchten münden ein unter kahlen Felshängen, Mondlandschaft, dann das fruchtbar-muldige Hochtal, an dessen Rand ihre Dörfer – ich sah sie dort sitzen, die Alten in die Vráka gekleidet, die von Nordafrika mit den Seeräubern nach Kreta gekommen war, der häßliche Hosensack, in die Vráka gekleidet und auf ihren Stock gestützt, so sahen sie uns mit dem uralten beruflichen Mißtrauen entgegen, das sich schnell und für uns immer noch unerwartet aufhellt in die einladende Freude, nun einen Gast zu haben, den man bewirten und ausfragen kann.

Sarazenenabkömmlinge könnten das wohl sein, aber Etéokreter? Hatte ich nicht wirklich geglaubt, in der Region Sitía, wohin sie vor den Doriern über die Berge nach Osten geflohen waren, hatte ich nicht gemeint, in einigen der jungen Männer dort Nachfahren der Minoer gesehen zu haben? so schlank, fremdartig gewachsen waren sie und

schmalhüftig, wie auf den zweifelvoll restaurierten Bildern in Knossós. Diese hier sahen nicht so aus. Die schufteten als fleischgewordene Denkmäler eines sechshundertjährigen Widerstandes auf ihren mühsamen Äckern ihr Leben zu Ende und schauten abends in den Bergnestern den Jungen zu, wenn die ihre beschwörenden Tänze noch immer tanzten; aber wem galt nun diese Beschwörung? Dem Plunder da unten in den Städten? Oder schon dem Páttakos, dem Abtrünnigen, der sie wieder um die magere Beute ihres Widerstandes betrügen wollte, um das in solcher Felseinsamkeit bis auf die Knochen reduzierte und dabei so hochherzige Gefühlsbild der Freiheit?
Die vor dem Vier-Löwen-Brunnen des Morosini wachten aus ihrer Abgesunkenheit auf und trugen ihren kärglichen Stolz durch das Gaffen in ihr Dorf zurück. Sie waren die eine Faust des Widerstandes gewesen, die andere kam aus den Klöstern. Die in den Klöstern standen mit dem niederen Dorfklerus zusammen auf der Seite des Volkes. Der hohe Klerus hatte schon immer kollaboriert.
Als Páttakos nach Chaniá kam, die Parade der Schande abzunehmen, sah ich sie stehen mit ihren feinen Soutanen, dem gepflegten Haupt- und Backenhaar, neben den hohen Militärs und den Anführern der Polizei; dann formierten sich alle in Richtung auf das Bellen, das aus den Lautsprechern kam. Das Volk, dünne Reihen an den Straßenrändern, klatschte mäßig. Gibt es ironischen Beifall? Gibt es, sehr dicht getarnt, den Anschein der Zustimmung aus einer Menge, die sich spürbar, aber nicht zu fassen, in diese Zustimmung gleichsam nur verkleidet? Das Gebell war zu Ende, die schmähliche Prozession nahm ihren Lauf, die hohe Geistlichkeit war zahlreich darin vertreten. Der obere Klerus in der Orthodoxie hatte schon immer kollaboriert, auch mit den Türken, bis in die höchsten Staatsämter, zum Außenminister des osmanischen Reiches waren sie aufge-

stiegen, vielleicht – wie hieß doch die bemäntelnde Formel aller Kollaborateure: »Um das Schlimmste zu verhüten.« Der niedere Klerus jedoch und die ärmlichen Mönche sorgten sich derweil um das Körperheil ihrer Seelen, um deren Sprache, Lieder und Tänze, um deren Widerstand, wenn es nottat. Und es tat fast immer not.

Der höchste Kult- und Gedächtnisort des Widerstandes auf Kreta – Sammelplatz der Revolte gegen die Türken, Partisanentreffpunkt während des zweiten Weltkrieges – dieses Mahnmal liegt oberhalb einer Schlucht am Ende des Ölwaldes südöstlich von Réthimnon: Kloster Arkádi, ein umfänglicher Gebäudekomplex und treffliches Beispiel venezianischer Renaissance-Architektur. Am 8. November 1866 rückte ein Türkenheer durch die Schlucht auf die Klosterburg zu, wo sich Revolteure, aber auch Frauen und Kinder aus der Umgebung versammelt hatten, denen der Abt des Klosters, als er die Übermacht draußen kommen sah, das letzte Zeichen gab, dann zündeten sie das Pulver und sprengten sich – tausend sollen es gewesen sein und achtzehnhundert Türken – sprengten sich in die Luft. Dieses Flammenzeichen von Arkádi entsetzte nicht nur die Philhellenen überall in Europa. Heute treffen sich an jedem Jahrestag die Nachfahren in Réthimnon zu Wettkämpfen, Volkstänzen und Feuerwerk.

Inzwischen sind die Klöster Kretas – bis auf Arkádi, wo sich die Busse entleeren – vereinsamte Stätten geworden; das heißt, man hat ihre Gastfreundschaft inzwischen sehr gerühmt, so sehr, daß sich mancher Abt erwehren mußte; soviel kurzbehostes Jungvolk und soviel Wanderratten mit Gesinnungsemblemen mochten auf Dauer den klösterlichen Auftrag stören. Eine dieser Gesinnungsträgerinnen klagte, die Mönche, oder doch mindestens einer von ihnen, sei ihr leibhaftig zu nahe getreten; was nun freilich mehr für die allem entsagende Liebe der Mönche spricht als für deren

Fleischeslust. Ich erinnere mich gern an das Kloster Gonía unter den Westhängen der Bucht von Chaniá dicht über dem Meer, vielleicht weil es nicht so schmerzlich-entsagend in der Vereinsamung liegt wie etwa Toploú im Osten oder das Frauenkloster Chrissoskalítissa am südlichsten Punkt der Westküste, ein Felsenhorst über der See: ganz außen in dem einen Arm der seidigen Bucht, im anderen zerfällt pittoresk eine rätselhafte Siedlung neben der noch erhaltenen Kapelle. Gonía ragt mit seinen Vorbauten wie ein Kriegsschiff ins Meer; die Türken hatten es niedergebrannt, an die Kämpfe erinnern eingemauert ihre Kanonenkugeln; noch heute ähnelt das Kloster einer Festung, mit barocken Dekorationen gemildert; Fresken, Ikonen, das Chorgestühl zeigte uns der schwerleibige Mönch; die Deutschen hätten vieles zerstört, und er habe viel mit ihnen – er wies mit dem vorgestreckten Daumen zum Mund – das griechische Zeichen fürs Trinken.

Also die Deutschen, die vorläufig letzten Besatzungsmächte der Insel. Sie hinterließen unweit von Chaniá einen stocksteif abstürzenden Adler, zu dem herauf führen die breiten, sturen Protzstufen des damaligen Lebens- und Siegesgefühls. Die Kreter ließen das Mal ihrer Niederlage unberührt und feiern sie heute wiederum mit Sportkämpfen, Tänzen und Liedern eine Woche lang, sich und den Enkeln zur Mahnung, vom 20. bis zum 27. Mai.

Damals, 1941, schwebten Fallschirmjäger und Lastensegler auf die Insel herunter in immer neuen Wellen: das »Unternehmen Merkur«; sechstausend Mann an Toten, Verletzten und Vermißten; vier Tage dauerte das Massaker gegen die, wie es hieß, »rasende Abwehr der Griechen und Briten«; und der schließliche Sieg blieb ohne entscheidende Wirkung, auch aus der Sicht der deutschen Militärs. Und das Niedermetzeln kretischer Frauen und Kinder, das Niederbrennen der Dörfer als »Vergeltungsaktion« blieb auch ohne Wirkung; sogar auf die schwer ergründliche Deutschenliebe der Griechen, die wohl den Besucher an solche Bluttaten erinnern kann, aber als wären sie wie ein Fatum geschehen, als trügen nicht eigentlich Menschen die Verantwortung dafür.

Wir fuhren von Chaniá über Réthimnon zur letzten Station unserer Inselreise nach Iráklion. Mir waren diese drei Städte seltsam fremd oder doch freundlich neutral geblieben, trotz ihrer Malerwinkel und Gäßchenexotik, deren Enge übrigens nicht auf die Türken allein zurückführen muß: das minoische Gourniá, Glücksfall einer nahezu vollständig ausgegrabenen Stadt, zeigt auf dem schmalen Hügelrücken aus Kalkstein eine ähnliche Enge, alles en miniature: Treppen, Höfe, Wohnräume, auch der Palast des Gouverneurs, Marktplatz und Heiligtum, dicht zueinander gedrängt wie in den Dörfern und Altstädten noch heute, vor allem in Réthimnon.

In Chaniá wehen zweierlei Stimmungen beherrschend durcheinander: die Beamteninnerlichkeit aus den Verwaltungsstuben und von der Sudabucht die große weite Matrosenwelt. Diese Symbiose aus Lärm und Miefigkeit zieht über die Plätze und Boulevards durch die Gäßchen zum alten Hafen. Von dort zurückschauend sieht man das Dächergeducke einer Kleinstadt, deren Minaretts und Türme sich ausschweigen; denn über all dem lastet die von hier aus sternwärts thronende Präsenz der Weißen Berge.

So wie Iráklion mühsam mit seiner flott sich anpassenden Provinzeleganz gegenüber dem immer noch schrilleren dernier cri der Fremdenheere, sein altes Gesicht zu wahren sucht, und gegenüber dem Haupt, das die Stadt draußen überragt, dem Joúchtas, in dem von alters her die Menschen den Kopf des schlafenden Zeus erkannt haben, des kretischen Zeus, dessen Grabhöhle der Berg auf seiner Höhe birgt. Es ist nicht sonderlich schwer, dort über den

breit angelegten Serpentinenweg hinaufzukommen; vorher haben mannshohe Weinfelder die Straße gesäumt – hier ist die Heimat des Malvasier. Oben auf dem zweiten Gipfel, der landeinwärts liegt – der vordere trägt eine Radarstation – dort steht eine Kapelle und ein hohes, elektrisch zu illuminierendes Kreuz; eine eigentümliche Kapelle mit vier Querkammern und darin vier Altäre in dem einen Längsschiff – wie doch das Christentum mit ängstlich-penibler Bedachtsamkeit seine Wahrzeichen neben den alten heiligen Stätten errichtet hat! man zählte über hundert Kapellen und Kirchen in Grotten und Höhlen Kretas; und wie viele dieser weißgekalkten Christenmale mögen auf Bergkuppen und Hügeln stehen, wenn deren Sage und Anblick alte Heiligkeit verrät; oft haust nun da oben der Profítis Ilías, wo einst Zeus, noch immer nicht ganz vertrieben, gewohnt hat.
Etwas blitzt von Nordwesten hierher auf den Joúchtas, dort vom Hangdorf Rogdiá, wo sich die unerfüllbaren Wünsche einen der Häuserkuben zum Alterssitz erträumt hatten, als wir auf der Suche nach Fódele waren. Wir kamen dabei in ein ungewöhnlich fruchtbares, kleines, sanft gerundetes Talbecken, viel Wasser fließt dort, wilde Malven stehen unter eindrücklich geformten Hügeln, die Wasser bilden ein Flüßchen, an dem das Dorf liegt, die wenigen kärglichen Häuser, bäuerlich alles, Tierhäute hängen zum Trocknen aus, durch den gespaltenen Fuß einer Platane fließt Wasser ab. Aus dem Grüppchen der alten Männer vor dem Cafeníon erhebt sich ein noch jüngerer Pope, linkisch und schüchtern; schweigend führt er uns über das schmale Brückchen durch die weißen, mit runden Steinen gepflasterten Gassen steil zur Kirche. Und da zeigt er uns die Reproduktionen von Gemälden, die jener gemalt hat, der hier seinen Geburtsort haben soll: Doménikos Theotokópoulos, genannt: der Grieche – El Greco. Die Universi-

tät in Valladolid stiftete für Fódele eine Gedenktafel – nun und bei aller Skepsis: er war Kreter! Was bedeuten dem gegenüber die scharfsichtigen Fragespiele und Hypothesensprünge bis hin zur Psychopathologie? Er war schließlich Kreter! So kommt doch her und seht diese Feuergestalten aus dem Kissámou-Bezirk, von der Sfakiá und von Selínou; seht sie debattieren in Omalós, in der Lassíthi, in Ierápetra; schaut ihnen zu, wenn sie tanzen zwischen Zákros und Falásarna, in den Dörfern auf Akrotíri und in der Messará – diese in Ekstase entbrannten Gesichter, ihre heilige Wut, zu allen Wollüsten der Askese befreit, hochauf in die flammende Entsagung gerissen, in das durstige Abenteuer ihrer zweigeteilten Frömmigkeit: dem heutigen Tag zu opfern, nur ihm, nur dieser einzigen Stunde, in dieser einzigen Sekunde auszuglühen, durch deren dünne Haut aber die Jahrtausende einbrechen mit allen Ansprüchen zu ihrer Verehrung, mit dem tosenden Lärm des vergossenen Blutes – über das sie weit hinaus starren, wenn der Tanz zu Ende ist, starren in die Grausamkeit dieser hiesigen, nur sich selbst meinenden Landschaft; und dann ziehen sie sich in das Trauerlächeln eines ihrer milderen Gesänge zurück.

Wir stiegen hinunter von dem Haupt über Iráklion, fuhren dorthin zurück, um Abschied zu nehmen von der Insel. Dazu gingen wir auf die südlichste Bastion der Stadtmauer, fanden dort wieder das Grab und setzten uns in seiner Nähe hin. Im Südosten die Hänge der Díkti, im Südwesten, noch mit Schneefeldern bezogen, der Berg Ida; und zwischen den beiden Gebirgen nah hergerückt der Joúchtas – das ist ein groß bemessenes Dreieck, dessen eine Spitze hierhin weist auf das andere, kleinere Dreieck, das die Mauern der Stadt bilden, in dessen südlicher Spitze das Grab liegt.

Kazantzákis starb 1957 in Freiburg. Wegen seines unortho-

doxen Glaubens verweigerte ihm die Kirche ein Begräbnis nach ihrem Ritus. In einem seiner Romane gibt ein Kreter den Rat: »Wenn du vor dem Tor des Paradieses erscheinst und es öffnet sich nicht, so greife nicht nach dem Türklopfer, um anzuklopfen. Nimm dein Gewehr von der Schulter und gib einen Schuß ab.« Über dem Grab liegt eine Granitplatte, deren Stirnseite die Zeilen trägt: »Ich hoffe auf nichts, ich fürchte nichts, ich bin frei.«
In diese Freiheit herauf bläht sich vom Hafen das Geschwätz, stinkt der Schweiß über dem Hunger, feilschen die Händler mit den Weibern, plärren die Ausrufer und zerfallen die Nachschläge aus den Motorexplosionen;

in diese Freiheit herauf schwelt das kryptische Gemurmel vor der Ikonostás, das Geraschel aus den alten Amtsstuben, das Stöhnen aus der neuen Verbannung;

in diese Freiheit herauf weht der Hauch aus den Höhlen überall in dem Inselleib, aus den zum Sterben wiedererweckten Palästen, aus dem leeren Wind über den hohen Städten;

in diese Freiheit herauf steigt das Blut von den Bruchstücken aller Eroberung, von den Wunden der Ankömmlinge und des Widerstandes;

und es kreisen über dieser Freiheit mit den weißen Flügeln die Epiphanien vom Scheitel der Gebirge;

und es fallen darüber hin die Schatten aus dem von der Zeit gemeißelten Schlaf.

Zypern
oder vom Sinn der Geschichte

Sein Körper ragt hoch aus dem Gelände, ein Felskegel, kühl, steil, sich selbst genug, er beherrscht die Landschaften ringsum mit der Kraft seines Ausdrucks; du fährst die engen, rotsandigen, nackten Kehren hinauf; schon gleich am Anfang war er dir erschienen, während der Fahrt zur Hauptstadt lag er fernab in den Hügeln, deutlich, einer, der die Blicke auf sich zieht, in sich ruhend, zweifellos; nun fährst du den Weg hoch, hältst neben dem Klosterbau, nimmst ein paar Stufen – und unter dir liegt das Land; du siehst die Linie des südlichen Meers bis Kittim, wie die Bibel den Ort nennt, der heute Lárnaka heißt, du siehst die weithin gebreitete Ebene »zwischen den Bergen«, »Messaória«, zwischen den Bergen: das ist »der mit den fünf Fingern«, »Pentedáktylos«, eine schmale Gebirgskette, die die ganze Nordküste der Insel besetzt; Berge, das ist das Troódos-Massiv, das sich im Westen breit macht, seine Ausläufer führen hierher, seltsame, fremde, weiße Mondhügel; und wenn dich die Adler, die Lämmergeier, die hier über dir kreisen, wenn sie dich mitnähmen, höher hinauf, du sähst den Inselleib in seinem ganzen Verlauf, der dem Körper einer Schildkröte gleicht, würde sie sich plötzlich vom Grund lösen, nur ein paar Meilen, und sie landete in Kleinasien; du stehst in dem leichten Aufwind, es ist Abend, stehst auf einem Berg, der einmal dem Zeus heilig war oder der Aphrodite; vielleicht hatte sie hier eine der ersten Opferstätten, als sie noch die »große Mutter« war, von der die Idole künden, Zeus aber, oder wie er damals wohl hieß: der Gatte der Göttin, er verdrängte schließlich das düstere Matriarchat, indem er den Erdkreis reinigte von den Titanen, den Sonnensöhnen und -töchtern, den Schreckensgestalten aus der Tiefe; da wurde Zeus Herrscher des Berges und schaute von ihm herrscherlich über sein Gelände; heute nennen sie ihn den »Kreuzberg«, »Stavrovoúni«, denn es habe, sagt man, die heilige Helena, Mutter jenes unseligen Konstantin, den sie »den Großen« nennen, sie habe hier ein Kloster gegründet, noch heute zeigt man einen Splitter vom Kreuz Jesu, einen der vielen, wie groß mag es gewesen sein? Groß wie die Leiden, die darauf folgten; einer aus dem Geschlecht der Lusignans, Peter I., hatte auf Stavrovoúni seine späte, glühende, törichte Vision, er, in dem fromme, aber flammende Mystik mit der hellen weltlichen Leidenschaft zerstritten war, er wollte noch einmal ausziehn, das heilige Land zu befreien, einer der wenigen reinen, im frommen Wahnsinn blühenden Ritter aus einer ganz zweifelhaften, oft schrecklichen Schar; dann kamen die Mameluken und zerstörten das Kloster, raubten es aus bis zum letzten, das war 1426; die Türken gaben den Berg später der Orthodoxie zurück; heute fährst du mit dem Wagen die engen, nackten, rotsandigen Kehren hinauf und schaust auf die Insel, auf diesen uralten Umschlagplatz der Göttermythen und Menschenideen, der Völkerschicksale und Herrscheregoismen, blutiger Fanatiker und nackter Beutegier, Opfer des Fernwehs und der abenteuernden Brutalität, ein Inselleib – und da ist nicht eine Stelle, der du's nicht ansiehst: Mord, Entführung, Plündern, Brandschatzen, Prunken, Völlerei, Askese, brennende Frömmigkeit, hochragende Kultur, diese ganze rätselhafte, faszinierende Skala, diese unendliche, vielfältigtrübe, an zahllosen Legierungen reiche Mischung, die man Geschichte nennt.

Aber was ist das, Geschichte? Welch ein Ineinander aus Geist und Geschäft, Wollen und Erdulden, Mythos und Aufklärung; welche Kräfte wirken ein, welche Mächte siegen und werden besiegt, wer hatte schließlich den stärkeren Arm, wer gab der Epoche den Namen: Göttererscheinungen oder das Schicksal, urtümliche Herrscher im entliehenen Sonnenglanz ihres Königtums, Sieger über das schreckliche Urdunkel der Matriarchate, ihrerseits besiegt von der eigenen Familie, von verwandten oder fremden Tyrannen, wer zog, wer schob, ist die Mischung zu klären, ist der Nenner nicht schließlich Egoismus, Mordlust, Ausbeutung – und darüber der Bau aller frommen und zynischen, hochfahrend-geistigen, asketischen oder lüsternen Ideologien, Götterträume, Dichtervisionen! Was ist das: Geschichte? das Weltgericht? die Entfaltung des Weltgeistes? Gottes Gedanken im Spiel mit der menschlichen Freiheit? oder nicht doch bloß ein wahrlich ungeheures Gemenge aus lauter Willkür, Zufall, abstraktem Druck und Gegendruck? Geschichte! ein Wort, ein Un-Begriff, ein Siegel auf einem wirren Packen einander aufhebender, einander überlagernder, einander tötender Vorstellungen, Meinungen, Ansichten – weg mit dem Plunder, das meiste war Totschlag, Gier, Haß; aber wenn es so einfach wäre: Chaos oder Mathematik, irrationale Willkür oder rationales System, unentwirrbares Gemisch oder stets wiederholbare Ordnung!

Ja, viele hassen Geschichte wie sie den Mythos hassen, jedenfalls in unserem provinziellen Winkel, der nach Blut schrie; sie haben die Geschichte wirken gesehn, wie das Gesetz es befahl, ihnen tropfen die falschen Mythen ekelhaft raunend aus dem Gewölk; viele der Jungen wollen die Stunde Null, schon die Väter haben die Fäden nach rückwärts abgeschnitten, warum sollten die Söhne wieder anknüpfen; aber: die Fäden sind Schlangenarme, die nachwachsen, wir kommen nicht los; mag das Bewußtsein sich sträuben, das Unbewußte ist voll beladen und fordert sein Recht; mögen wir mit alter oder neuer Begrifflichkeit ein raffiniertes Verdrängungssystem errichten, sein Unterbau zeigt Risse von Anfang an, die Schlünde reißen auf, und die Erde bebt.

Aber weshalb nicht neu beginnen? Weshalb den jahrtausende alten Wahn fortführen? Was sind Mythen, was ist

Geschichte? Hekuba! keine rückbezogenen Utopien, die reinere Zukunft bedingt ein gereinigtes Bewußtsein; auch die Ordnung ist vielfach differenziert, auch die rationalen Systeme wären bis in die Verästelungen zu verfeinern, auch die Mathematik kennt irrationale Zahlen.

Aber die Enkel schleppen ihre Väter mit sich herum, Ahnen stehen verborgen in ihnen auf und werden wirksam, du kannst über deinen eigenen Schatten springen, aber nicht über den, der von der Vorwelt in dich hineinragt; schwer wie nur je ein altes Schicksal, unaufhebbar wie nur je ein Götterspruch, oder was man so nennen mag, wirklich wie andere Wirklichkeiten auch: der Körper! er ist dein Verhängnis, sein uraltes, bizarres, gefährliches Gedächtnis:

Also – was ist Geschichte? – zum Beispiel: Zypern ... wird uns die Kupferinsel lehren können? werden wir mehr wissen, wenn wir ihre Stätten sahen, wenn wir Aphrodite befragten oder die englischen Militärbasen, Apollon oder die Radarstation auf dem Troodos, die Bauopfer von Khirokitía oder das türkische Museum des Barbarismus, sollen wir die Spuren Sargons von Akkad prüfen, die Relikte Tutmosis III., der Achäer und der Seevölker, der Dorier und der Römer, der Byzantiner und der lateinischen Ritter, der Türken und der Engländer; sind wir klüger, wenn wir das Ausgegrabene und das wieder Aufgerichtete betrachtet haben: Waffen, Meißel, Kultgegenstände; Waffen, Tempel, Bäder; Waffen, Burgen, Kaianlagen; Faustkeile und Atomträger – sind wir klüger, wenn uns der Uno-Offizier aus Finnland einen türkischen Gefreiten aus Anatolien vorstellt, wenn wir diese ganze törichte Parade abnehmen: die festlandgriechischen Uniformen und die zypro-griechischen, die festlandtürkischen Uniformen und die türkozyprischen, roter Halbmond und Uno-Blau, wenn wir das neue künstliche Wirtschaftswunder der einen, das alte Elend der anderen sahen, Bankpaläste und Flüchtlings-

baracken, die Ausläufer einer internationalen Lust- und Amüsierarmada in Kyrénia, am Strand von Famagústa, in den Luftkurorten des Pentedaktylos und des Troodos und die brandgeschwärzten, stinkenden, niedergebrochenen Gäßchen in den Altstädten von Nicosía, von Páphos, in den verlassenen, ermordeten Dörfern überall auf der Insel? also – was ist Geschichte?
Vielleicht sollte man wählen: entweder die Abwendung oder das Amüsement oder den immer neuen Versuch; ich wähle diesen, ich wähle ihn, weil ich mich vor der Blindheit fürchte, vor den unübersehbaren Dschungeln meines eigenen und des kollektiven Unbewußten, vor dessen Allmacht, wenn ich nicht hinsehe, wenn ich abdränge, als gäb es das nicht, als wäre das zu leugnen – Beispiel des kollektiven Unbewußten: vielleicht sollte man so die Stätten sehen, was drückt sich da aus, was geht uns immer noch schrecklich an, wie kann ich begreifen jenseits meiner Vorurteile, meiner raschen, irritierten, angstvollen Abwehr oder der vorschnellen, jäh begeisterten, scheinbaren Identifikation; alles ist Ich, aber ich bin ein Fremdes – vielleicht wäre das die Perspektive?! also – die Stationen, hier nur skizziert, hier nur der rasche, beispielhafte, unvollständige Blick; es begann in Khirokitia, etwa vor 7000 Jahren.
Khirokitia – ein Städtchen des 6. vorchristlichen Jahrtausends, die Radio-Karbon-Tests ergaben: 5600 bis 5250; es waren an die 1000 Steinhütten, 2000 bis 3000 Menschen lebten da in steinernen Rundbauten mit Kuppeldächern, den Vorläufern der späteren, immer noch rätselhaften Thóloi; woher kamen die Bewohner? vielleicht sind sie schon im 7. Jahrtausend hier gelandet, zwischen dem heutigen Límassol und Larnaka, ein wenig einwärts vom Meer zwischen Hügeln liegt das Gebiet, selbst in einen Hügel eingegraben, termitenähnlich, vielleicht die Urzelle für vieles Spätere auf der Insel? und welch rätselhaft-schrecklicher Kult gab diesen Menschen Sicherheit?

die Mutter brachte den Säugling
die Priesterin nahm ihn auf
öffnete ihm den Leib
das Blut sprang auf die künftige Schwelle,

sie reinigte den Körper
wickelte ihn in Pflanzen
legte ihn unter die künftige Schwelle
dann begann man mit dem Eckstein

nur eine Vermutung, doch man hat die Skelette von Kindern unter den Schwellen gefunden, waren das Bauopfer? und weshalb verließen die Toten die Stätten der Lebenden nicht, weshalb begrub man sie unter den Böden der Wohnräume? und die Feuerstellen inmitten der Hütten, noch den späten Römern waren sie heilig, hat man hier, in Khirokitia, den Herd auf einem Menschenopfer errichtet? welche Geister galt es zu bannen, welche Ängste traten heraus und wurden Gestalt, nach welch urtümlichen Grausamkeiten verlangte das frühe Halbtag-Bewußtsein? welche Relikte blieben uns von dort für unsere Träume, für die verdrängten und plötzlich freigelegten Aggressionen? Vielleicht ist hier eine der frühen Wurzeln für die bedrückende Tradition des Menschenopferns zu fassen, die dann bis spät in die Jahrhunderte hinaufreicht, unterschwelliger Schrecken der Tragödie noch in klassischer Zeit – auch von Khirokitia geht der Blick zum Zeusberg Stavravouni: wieviel wußten die ins helle Bewußtsein erwachten Griechen diesem Gott und seinen reinigenden Helfern zu danken, wie stets nah freilich waren auch da noch immer die Abgründe, das Traumdunkel, von den nie ganz besiegten, uralten Götter-Dämonen bevölkert.
Das führt über Erími nach Paphos; Erími, 3000 vor der neuen Zeitrechnung gegründet, dort fand man die schon

von den Kykladen bekannten violinförmigen Idole, dort fand man aber vor allem jene seltsamen Gebilde aus Steatit, geglättet, graugrün, doppelgestaltet in Kreuzform, abstrahierte menschliche Figuren, eine mit Brüsten waagerecht, die andere, quergestellt, etwas kleiner: war sie der Sohn, der Geliebte, der Gatte der herrschenden Urmutter? symbolisierte dies gekreuzte Paar die heilige Hochzeit der magna mater mit dem kleineren, bedeutungsloseren, männlichen Vegetationsgott? noch Zeus und Hera haben den hiéros gámmos gefeiert und vor diesem Paar auch der Poseidon, als er noch Pósidan hieß, in Thessalien, Gatte der Göttin, noch lange nach dieser Zeit erzählte man sich furchtbare, altertümliche Geschichten über höchst befremdliche Rituale:

Man senkte die Hörner gegen den Altar
da öffnete sich der Schoß
man zeigte Zange und Axt

dann trugen sie die Reliquien des Königs herein

den zerfleischten Kadaver noch ungewaschen
noch ungewaschen die Gliedmaßen der Frauen
die ihn zerrissen hatten

dann sangen draußen die Stiere im Feuer

das weist zurück auf jene Jahrhunderte oder gar Jahrtausende des Matriarchats allenthalben ums Mittelmeer, als man den König, sei es im Scheinkampf, sei es in anderem Ritual, alljährlich tötete, sein Fleisch verteilte man auf die Felder, daß sie fruchtbar würden; das weist zurück auf die kretischen Stierspiele – auch auf Zypern hatte Minos seine Niederlassungen; das weist schließlich auf die späte-

ren Rasereien der Mänaden im Parnaß, Relikte ältester Begängnisse, bei denen nicht die Tiere zerrissen wurden, sondern Dionysos, als welcher der König oder ein erwählter Knabe stellvertretend präpariert worden war – tiefgründige, viel Altes, Abgesunkenes aufbewahrende Geschichten, die mit Grauen noch lange nachwirkten – und vielleicht wirken sie, schmerzlich und fast unkenntlich verwandelt, noch immer in unserer Psyche?
Also die singulären, die einmaligen Kreuzgestalten von Erimi – und dann: Paphos, und das war Aphrodite, die spätere Liebesgöttin, als Cypris Beherrscherin der Insel, noch heute sieht man mit den Felsen und stets vom Schaum umtost den Ort bei der Küste im Meer, wo sie aufgestiegen war – solche Stätten bewahren für den, der sich nicht abschließt in unlautere Ratio, ihren eigentümlichen Atem noch bis heute;
Aphrodite – auch sie war einmal Idol, aufgerichteter Stein, frühe Abstraktion der großen Mutter, eh sie, die allfruchtbare, die schreckliche, mit ihrem erddunklen Schlangenwissen, in die helle menschliche Gestalt erhoben wurde, erhoben und gezähmt, jedenfalls für das Tagbewußtsein, anders lebt sie noch immer in den Träumen; ihr Kult aber versammelte uralte Riten und vielerlei verwandte heilige Vollzüge aus der ganzen Ostregion des Mittelmeers; die Aphrodisien begannen dann später im April, man kannte das Tempelopfer der Frauen, das Jungfrauenopfer am Meer, alljährlich die heilige Hochzeit mit dem Priesterkönig, man kannte Eingeweideschau und Mantik; als dann die Liebe in eine vulgäre und eine geistige auseinanderbrach, begann der Abfall; die Römer begehrten zyprische Hetären als Ware, ganze Schiffsladungen fuhr man an den Tiber; und schließlich wurde die Mutter Jesu neue Inselherrin – ihre zahlreichen Beinamen, ihre Verehrung in Grotten, ja sogar magische Handlungen heute noch in den

Ruinen der Tempelbezirke bewahren alte Geschichte und Reste der Wirksamkeit;
Aphrodite – noch immer scheint sie die Inselherrin zu sein, wie sie es durch die Jahrhunderte geblieben ist: weich, mitteilsam, fruchtbar ist dieser Inselkörper, nie zu verteidigen, leicht zu erobern, mit einer wahrhaft unheimlichen Anpassungsfähigkeit, ohne dabei den fließenden, unberechenbaren, jähen Charakter zu verlieren, äußerlich allem und ringsum geöffnet in zahlreichen großen oder mittleren oder winzigen Buchten, nach innen zu mit den Gebirgen und der Ebene dazwischen aufsaugend, beschattend, verwirrend, aber diese vielfältigen, untereinander verwandten, durchwachsenen Anlagen werden seltsam, nach einer tieferen, älteren, ferneren Logik ergänzt durch den Aspekt des Ares, des Verhaßten, des Kriegsgottes, der eben auch zu Aphrodite gehört oder doch lange gehörte in seiner blutgierigen, nur das sinnlose Metzeln, nur das klingende Spiel liebenden Stupidität – dieses Ur-Männchen in Uniform, das die Nur-Frau verabscheuend liebt bis zur Sklaverei, – verlassen wir diesen Bezirk der Seele nicht ohne ein Zitat von Katzanzakis, der sich auf Zypern und im Bezirk der Aphrodite erinnert:

»Als ich eines Mittags durch ein trockenes Flußbett ging, sah ich unter einem Platanenblatt zwei Insekten in Liebesumarmung ... plötzlich blieb ich erschrocken stehen: Das Männchen, klein und schwächlich, lag oben und mühte sich, seine heilige Aufgabe zu vollenden, doch mit Entsetzen sah ich, daß ihm der Kopf fehlte. Ruhig verspeiste ihn das Weibchen, und als es damit fertig war, wandte es sich um und biß noch den Hals ab, dann die Brust des Männchens, das fest an es geklammert zu zucken fortfuhr.
... Ein Blitz durchfuhr und erleuchtete mein Herz. Die vielbrüstige Göttin hebt ihren Schleier. Bei den Pflanzen

und den Tieren ist der Hauch des Mysteriums viel offensichtlicher als bei den Menschen. Diese folgen treu, unverhüllt dem großen Schrei. Sie identifizieren die Liebe mit dem Tod. Wenn sie ohne Kopf, ohne Brust kämpfen, um den Tod durch die Zeugung zu besiegen, erahnen wir mit Ehrfurcht in uns denselben Schrei. Den Taumel, die Bestimmtheit des Untergangs ...«

Liebe und Tod, Aphrodite und Ares – Mythos, Geschichte: ist nicht auch das eine Antwort, gewiß unvorgreiflich, auf das Fragen nach der Geschichte: allein gegenüber dem Tod, allein in der unendlichen Zeit, auf die Sekunde unseres Daseins angewiesen und reduziert, allein in der Unendlichkeit des Raums, auf dem Staubkorn ausgesetzt – und da versuchst du, diesem Augenblick Dauer zu verleihen: Geschichte, und dem Staubkorn Schwere: Mythen, und gegenüber dem Tod, was schließlich alles zusammenfaßt zwischen Ordnung und Chaos, bildlich, soviel Klarheit als möglich, soviel Leben als nötig, gegenüber dem Tod, was schließlich alles zusammenfaßt: die Kunst.
Geschichte, das heißt auch: Gräber, die wirklichen und die verbalen, diese wortreichen Gräber endloser Schlachtenketten, in denen der Geist gefangen wird, Ketten der Dynastien, Ketten der Reiche, der Auto- und Aristokraten, der Volksherrschaften und Volkstribunate, der Revolutionen und Konterrevolten – Geschichte, das heißt: Gräber, auch daran ist Zypern reich, eine Gräberinsel, zum Beispiel in jenem Bezirk, den die Namen Énkomi bezeichnen und Alásia und Sálamis und Famagusta, vier Jahrtausende Gräber.
Énkomi, durch hethitische und ägyptische Dokumente belegt, enge Beziehung zu Ugarit, bis 2000 datiert; dann Salamis, von Teukros, dem Bruder des Ajax, nach Trojas Fall gegründet, eine Führerin der alten, mykenischen Königs-

städte, unter den Römern von mehr als 100 000 Menschen bewohnt, »Paris der Levante«, heute ein gewaltiges Ausgrabungsgebiet, vielbewundert die riesigen Thermen, Theater, Foren, frühe byzantinische Basiliken – gab es hier auch die Menschenopfer? kannten die Etrusker dieses Terrain? gehörten sie zu den Seevölkern, die, fast alles zwischen Thessalien und Ägypten zerstörend, auch Zypern heimsuchten, die Etrusker, zu deren Totenkult Salamis manche Parallelen vorführt; und Famagusta, die alte Stadt, welch ein Gräberfeld, welch ein makabres Überleben: hier haben die Türken sich eingeschlossen, wie auch in den Altstädten von Paphos, von Nikosia, wie in etlichen Inselgebieten: zahlreiche Posten, man fährt Slalom um Straßensperren, »willkommen im freien türkischen Sektor«, man ist freundlich, wir sind keine Griechen, die hier nicht herein dürfen seit jenem Krieg, den beide, Türken und Griechen, englisch untertreibend, »these troubles« nennen – die Türken also seitdem verbarrikadiert hier in Altfamagusta, in dem Festungsviereck, das im 13. Jahrhundert die Lusignans errichteten, es war ein üppiger Handelsplatz, diese Düfte von orientalischen Gewürzen, Spezereien, exotischen Stoffen, Gold, Elfenbein, dazu Zyprisches: Zucker, Wein, Seide; und weil Gott, der christliche, dem Handel derart zugetan war, baute man ihm Kirchen, zuletzt waren es soviel wie Tage im Jahr; jetzt dieses Gräberfeld, gespenstig in der Mittagshelle, der tödlichen Panszeit, sirrende Stille, Perlvorhänge klirren, träge Katzen, und da steigt es aus dem Blut hoch, dem ringsum sprudelnd vergossenen, steigt und sirrt wie die Hitze im Schädel, diese Schreie durch die Jahrhunderte, diese närrische, heulende Kanonade, dieser Rausch, nichts als diese Orgie, nur noch der Blutrausch; ... die abgehackten Köpfe aller ermordeten Christen türmten sich zu einem riesigen Haufen ... Ein allgemeiner Blutrausch bemächtigte sich der Sieger ... Mord, Vergewaltigung, Plünderung und Brandstiftung ... Bragadino wurde entkleidet, mit dem Gesicht gegen den Stein an die Säule ... gefesselt und lebend geschunden ... Sein Haupt wurde abgeschlagen und auf den Galgen gespießt, sein Körper gevierteilt ...

Einiges übersteht die Orgien immer, jedenfalls Mauern, Denkmäler des Blutrausches, zum Beispiel jener Othello-Turm, indem sie Shakespeares Raserei lokalisieren, zum Beispiel die Kathedrale von St. Nikolas, 1308 begonnen, heiterste französische Gotik, hier wurden die Lusignans zu Königen von Jerusalem gekrönt, 1571 machten die Türken aus dem Dom eine Moschee, Minarett an den gotischen Turm gebaut, im Innern Koransprüche, Uhren und Teppiche, Teppiche nach Mekka ausgerichtet, also aus der Achse nach rechts versetzt, wenn man zum ehemaligen Chor schaut; welch ein abseitiger Traum der Geschichte, blutig dazu: was taten die nordischen Ritter unter der südlichen Sonne, die sie, womöglich, noch unbarmherziger, noch gieriger, noch prunksüchtiger machte? es begann als Zufall, Richard Löwenherz folgte der Braut, deren Schiff, von der Armada abgekommen, auf Grund gelaufen war – er landete auf Zypern, aber die Zyprioten mochten ihn nicht; er verkaufte die Insel dem Templerorden, auch ihm behagten die Aufständischen nicht, so kamen die schon oft zitierten Lusignans, 1192 – fast drei Jahrhunderte blieben die Franken und spielten hier, fernab, im sehr Fremden, ihre heimischen Ritterspiele und bauten in diese ganz andere Landschaft ihre sehr heimischen Burgen: St. Hilárion, Buffavénto, Kantára, und es entstanden sehr heimische Abteien, etwa Bellapaís – heute sind die Zyprioten merkwürdig fasziniert von diesen nordisch-anachronistisch wirkenden Gebilden »stolz und kühn« – da pflegten die Ritter ihren einsamen Luxus, feierten das fremde Raffinement ihres Wohlstandes, ein glänzend-farbenreiches Gemälde, ein Rittertraum, ein nordisch geträumter, im Süden ausschweifend zelebrierter Roman, so wird es geschildert, mit Intrigen, Gier, Mißgunst; und die Griechen, die es unten noch gab, zahlten die Feste mit Besitz, Ausbeutung, Sklaverei; und weil sich die Orthodoxie den allerkatholischsten Majestäten nicht beugen wollte, deportierte man ihre Erzbischöfe, enteignete man ihre Ländereien, schlug alles den eigenen Gotteshäusern zu – danach kamen noch 90 venezianische Jahre, Jahre mit neuen Palästen, Hafenanlagen, Festungsmauern um die Städte, dann versank der schillernde, böse, lateinische Alptraum unter Schreien, Brand und Blutgier.

Aber die Türken gaben der Orthodoxie Kirchen und Riten zurück, den Erzbischof holten sie aus der Verbannung heim, er durfte sein Erziehungssystem wieder errichten – das Beten war unter den islamischen Fremdgläubigen sicherer geworden als unter der christ-katholisch-brüderlichen Knute, das Leben nicht mehr so gefährdet, das Eigentum nicht mehr preisgegeben – dafür holten die Türken ihrerseits Bauern auf die Insel, Handwerker, Baumeister, Bergleute; sie kamen nicht gern aus der anatolischen Heimat, rund 30 000 siedelten um auf staatlichen Druck; und man baute Moscheen, Bibliotheken, islamische Hochschulen, baute Brunnen, Herbergen, Derwischklöster, schuf neue Festungen, ergänzte die alten, legte prunkvolle Grabmäler an; heute, ein paar Jahrhunderte später, will man das nicht mehr verlassen, obwohl manches armselig daliegt, man läßt sich ungern ins Meer werfen wie Atatürk das seinerseits mit den Smyrna-Griechen getan hat, »man«, das sind 120 000 Türko-Zyprer, ihnen stehen 580 000 zyprische Griechen gegenüber; »man«, das ist eine Masse, die Frieden will, Ruhe und Sicherheit, was immer sich dahinter verbergen mag, »man«, das sind die Fanatiker der »Énosis«, des Anschlusses an Griechenland, und das sind die Fanati-

ker des Separatismus, der Abkapselung aller Türken in eigenen Inselreservaten, und »man«, das sind vielerlei Varianten dieser Standpunkte, je nach Besitz, Niveau, ethnisch oder psychisch bedingter Freiheit oder Unfreiheit.
Erdil ist Polizist in einem türkischen Dorf, das türkische Dorf ist ärmer als ein entsprechendes griechisches Dorf; wenn du in ein türkisches Dorf kommst, wirst du willkommen geheißen und bewirtet mit griechischer Gastfreundschaft; wenn du in ein griechisches Dorf kommst, wirst du willkommen geheißen und bewirtet mit türkischer Gastfreundschaft; auf beiden Tischen steht das gleiche Essen gleich zubereitet – von ein paar Spezialitäten abgesehen; Erdil, der türkisch-zyprische Polizist haßt die Griechen, er nimmt dir übel, wenn du mit Griechen griechisch sprichst, er könne kein Griechisch; als du mit ihm einkaufen gingst für seine Frau, steuerte er ein griechisches Geschäft an und sprach dort griechisch; in einem griechischen Dorf warnt man dich vor den Türken, man macht die Geste des Halsabschneidens; in einem türkischen Dorf warnt man dich vor den Griechen, auch dort macht man jene Geste; am Ende meines Aufenthaltes auf Zypern brachte mich Erdil zum Schiff, am Kai trat in Uniform ein griechischer Polizist auf Erdil zu, die beiden umarmten sich, man lud mich zu einem Drink ein, der Grieche sagte, siehst du, es ist doch nicht so schlimm, das ist Erdil, mein bester Freund, ein Türke; Erdils Onkel, zu Besuch aus London in seinem türkisch-zyprischen Heimatdorf, sagte, wir schmeißen die Hunde ins Meer, diese Griechen.
Anekdoten; sie gehören zur Geschichte; was mit Zeus oder Hera geschah, der Zorn des Peliden, die Irrfahrten des göttlichen Dulders – alles Anekdoten; erst die Hintergründe geben Farbe, erst die Perspektiven Bedeutung, erst der Rundblick ergänzt und setzt den Ausschnitt ins Ganze; aber wer rührt die Farbe an, wer zeigt die Perspektiven,

wer schaut sich um?! Anekdoten gehören zur Geschichte, private Anekdoten blühen, wo die Geschichte noch flüssig ist; und zur Geschichte, der vielfach unseligen, gehört die Kaufmannsrechnung, der wesenlose Krämergeist, das fast schon außermenschlich-niedrige Kalkül: wieviel hast du erschlagen, wie viele ich, wer war mit wie vielen zuerst da, und was ist nun, wer oder was versetzt Grenzen, der Glaube, die Hoffnung, die Gewalt, jedenfalls nicht die Liebe – das sieht sich, aus einer gewissen Entfernung, wie der Streit mittelalter Eheleute an: makaber die Grausamkeit, lächerlich die Klischees, jammervoll der Mangel an Logik, aber wenn sie's vermöchten, wenn da nicht meistens eine heilsame Sperre funktionierte, sie gingen aufeinander los und schrieben, endlich befreit, ihre Rechnung, ihre Rechthaberei, ihre verhockte Rachsucht dem andern mit Blut über den Schädel; überall mündet Geschichte in Privates und umgekehrt; was aber Zypern betrifft, gab es nicht auch noch die Engländer? und das rund 80 Jahre lang; auch dazu Anekdoten, hier von einer deutschen Autorin erzählt: Seit ich zusehen mußte, wie mein Mann zusammen mit vielen anderen Zyprioten von den englischen Gouverneurstruppen mißhandelt und mit Erschießung bedroht wurde, habe ich meine Verbindung zu England, zu Familie und Freunden abgebrochen. Hier kann man entweder Engländer oder Zypriot sein, meinte eine Engländerin, und der Engländer Lawrence Durrell teilt mit: »Wissen Sie«, sagte der Taxifahrer ... »das Schlimme mit den Griechen ist, daß wir wirklich so englandfreundlich sind ...«

Die Engländer kamen an die Insel wie ein Geschäftsmann zum Zugewinn, 1878 übergab der Sultan das Eiland an Großbritannien, er wollte den Rücken freihaben, die Bevölkerung war selbstverständlich nicht gefragt worden; 1925 wird Zypern britische Kronkolonie, 1955 erhebt sich

die EOKA gegen die Engländer, 1960 wird die unabhängige Republik Zypern ausgerufen, 1963 brachen jene »troubles with the turks« aus, oder »with the greeks«, je nach Standort;
Zypern, sagt man, sei griechischer als Griechenland; es gibt Grenzlandstämme, wie etwa die Siebenbürgen, die behaupten, deutscher als die Deutschen zu sein; wo schon die Grundform schwer zu definieren ist, sieht der Komparativ fatal aus; soviel ist sicher: noch heute weht durch alles gesellschaftlich-menschlich-wirtschaftliche Leben der british way of life, Aphrodite, in Gestalt ihrer Insel, hat sich wieder einmal angepaßt, wenn auch etwas gegen ihren Willen, das ergibt sich eben so, wenn man 80 Jahre in kriegerischer Ehe lebt und den Ares-Mann eben doch bewundert;
Zypern – oder: was ist Geschichte ... ich will noch ein paar Sätze von Durrell zitieren, sie zeigen in Kürze, was dieser Essay des längeren auszubreiten versuchte: die ungeheure Schwierigkeit der Fragestellung, die Geschichte im allgemeinen, Zypern im besonderen betreffend, sie zeigen das aus einer Situation, als die Engländer gerade eben noch Herren der Insel waren:

»Ja«, sagte Glykis, schob seine Mütze zurück und starrte hinauf zu der irrationalen Schönheit einer gotischen Kathedrale, aus der große Minaretts sprossen – auf einen Blick symbolisierte sie die Schönheit Zyperns, die auf Ungereimtheit beruht. »Ja! Die Lusignans waren dreihundert Jahre hier und Venedig zweiundachtzig. Die Türken blieben dreihundert Jahre, die Engländer achtundsiebzig. Was bedeutet das alles ...«

Was bedeutet das alles, was ist Geschichte? hier nur ein paar Stationen überflogen, nur der rasche, unvollständige

Blick auf einen Inselkörper und seine jahrtausendealten Wunden, zum Beispiel Khirokitia, Stätte der Bauopfer, der rätselhaften Mischung aus Tod und Leben; zum Beispiel Erimi, die große Mutter doppelgestaltig in Kreuzform dargestellt mit dem Sohn, dem Geliebten, dem Gatten, der König, alljährliches Opfer, daß sich die Felder wieder befruchteten; zum Beispiel Paphos, Aphroditens weithin in der Alten Welt gerühmter Kultort – und auf der Nordseite der Insel zeigen sie die Liebesquelle und das Bad der Göttin, eine üppige Gegend, sehr viel Johannesbrotbäume – das war einmal »das schwarze Gold von Zypern« – Eukalyptus, Myrtensträucher, wilde Feigen, eine klare Quelle gibt ganzjährig Wasser, das ins Meerbecken fließt, in diese wohlgerundete, bedeutsame Bucht, denn den Alten manifestierte sich Geschichte, als sie in ihr noch Göttergeschichte sahen – und dies war nun kein römisch-christliches, kein statisches Geschehen, weil sich diese Götter im Umgang, gleichsam im Selbstgespräch mit den ihnen zuhörenden Menschen wandelten, bei aller Unwandelbarkeit ihres Kerns, des definierten, nein: des geschauten Seinscharakters dieser Götter – den Alten also manifestierte sich Geschichte ganz und gar konkret an den dazu und dafür vorgebildeten Ortschaften; hier konnte das historische Geschehen im kultischen Spiel andauernd wirken, hier konnte das Uralte, immer neu besprochen und gesprochen, ohne Bruch, ohne Anachronismus, ohne sentimentale Rückwendung in die Gegenwart hineinragen – deshalb hielt die Historie damals noch andere Schrecken bereit, weniger fatale, weniger banale, weniger eindeutig-zweckbezogene; was man sehen kann, oder: was sich dem Schauen ergibt, entzieht sich dem teuflischen Zugriff der niederen Ideologien, die nur von Dogmen leben, von Klischees, von totem Gesetz ...

Aphrodite also in Paphos, dann Enkomi, die minoischmykenische Siedlung mit den Nekropolen aus der Bronzezeit, Fundort jenes Gottes mit den Hörnern und der Pelzkappe, einem der Glücksfunde unserer Archäologen, massive Bronzestatue, 55 Zentimeter hoch, 12. Jahrhundert, vielleicht ein Vorläufer Apollons, den sie später in Curium verehrten, wo er ein Theater hat, Tempel und Kampfbahn; und hier, in Enkomi, dürfte auch der Nachweis gelungen sein, daß Zypern, die Kupferinsel, die einmal Alasia hieß, eine gleichnamige Hauptstadt besaß, und daß dieses Alasia mit dem späteren Enkomi identisch ist.

Auch ein Aspekt des Historischen: die akribische Arbeit der Quellen – und Bodenforschung mit ihren dann hieb- und stichfesten Ergebnissen, Beweis, »wie es nun wirklich gewesen ist«, allerdings welch eine abstrakte, kahle, mühselige Wirklichkeit, der alles Leben längst entfiel, offen für die Spekulation oft windiger Romanciers oder Pseudomythographen ... in Enkomi, über dies schwer lesbare Ruinenfeld gebeugt, überfällt dich wieder diese eigenartige Mischung wie am Kreuzweg, sollst du resignieren, sollst du die Mühe der Imagination auf dich nehmen, Imagination am Gängelband dürrer Daten, faszinierender, aber schweigsamer Ausgrabungsfunde, vager, täuschend-vielfältiger, uralter Quellen.

Enkomi – Alasia, und nahbei das zyprische Salamis, endlich Famagusta, du stehst auf der Befestigungsmauer, unter dir dieses Trümmerfeld der alten Stadt, dahinter die Ebene, fruchtbar zum Teil, zum Teil Steppe, vom Pentedaktylos begrenzt, wo die Franken ihre Kastelle errichteten, im Westen Városha, die Skyline von Neu-Famagusta, und hier, außerhalb, dicht an der alten Mauer, der Hafen, größter der Insel; welch eine Mischung: türkisches Getto und die maritime Internationalität, die hellen, hohen, etwas zu stolzen Bauten der neuen Griechen, im Dunst zu ahnen die englische Militärbasis, ein UNO-Konvoi und der Turm, der nach Othello heißt, Lateinisches, Orthodoxes, Islamisches starrt dich an aus dem Viereck der alten Stadt – welch eine Mischung.

Der du entfliehst, was gibt es hier zu lösen, keine Klammer für solch ein Konglomerat, ist nicht »das Leben« so, oder was man so nennt, oder die Natur; nein: »zur Resignation braucht es Charakter«, also die Flucht in größere Distanz.

Der Körper ragt hoch aus dem Gelände, ein Felskegel, kühl, unnahbar, sich selbst genug, Herrscher über den Landschaften mit der Kraft seines Ausdrucks, die er selbst ist. Du fährst die engen, nackten, rotsandigen Kehren aufwärts und siehst noch einmal die vielsagenden Linien der Küste, die mütterliche Ebene zwischen den Bergen, deren beide Olympe du betrachtet hast, aber der, auf dem du stehst und der nicht so heißt, er ist der eigentliche Olymp der Insel, nahbei die zierlichen, weißen, fremden Mondhügel, noch das sommerliche Flimmern über allem, der mittags wie tödliche Glast – und unter dir zittert plötzlich der Leib, der zu schlafen scheint, zucken ihm die Glieder als wär's in Alpträumen, wer deutet sie je, deren sichtbare Überreste du anstarrst, diese immer mit einem Teil verschlossenen, verfallenden, ausgebrannten Gebilde, die doch, durch welche Kanäle auch immer, in dir selbst Entsprechungen finden, Verwandtes, Totgesagtes, Abgeschobenes, Geahntes, Erwünschtes – und so begreifst du, plötzlich schaudernd, dies Eiland in der Silbersee, dies fremde Stück Land, als wärest du selbst, was sich da unter dir fortsetzt mit Höhen, Schlünden, Tälern: all die Litaneien des Hasses, Fluchgebete, Askese in Wollust, Ikonen geküßt und den Koran auf den Lippen, das furchtbare Kreuzeszeichen der Verdammnis und an Stränden die heilsamen Werke der Aphrodite – nimm Kimme und Korn, ziele, drück ab, du triffst dich selbst zwischen den Augen, vielleicht ist es das, vielleicht ist das Geschichte.

Das Rätsel Troja

Aus einiger Entfernung wirkt der Hügel wie bombardiert; es könnte dort eine Flak-Stellung gewesen sein: man hätte sie angegriffen, zerstört, abtransportiert. Noch vor zehn Jahren kam man nur mit Erlaubnis des Militärgouverneurs hierher. Wer heute vom Hügel nach Westen geht, trifft nach etwa vier Kilometern auf Schilder: Betreten für Ausländer verboten, die Kanonen sind mit bloßem Auge auszumachen. Im Norden des Hügels die Dardanellen, Entfernung fünf Kilometer. Man sieht jedes Schiff, das ein- oder ausfährt. Der Hügel – türkisch: Hissarlik, griechisch: Troja.
Aus einiger Entfernung wirkt der Hügel noch immer beachtlich, zwar nicht wie ein Herrscher über seine Ebene, aber doch wie einer, der Einsicht hat, dem nichts entgeht. Aber der Hügel ist tot. Er ist nicht einmal das Denkmal seiner selbst. Man hat diesen beachtlichen Körper seziert, immer wieder seziert – und dann ließ man ihn liegen, ein Teil seiner Gliedmaßen präsentiert sich so geordnet wie die Präparatoren sie verließen, der andere Teil – als wären es die Innereien – bietet sich chaotisch dar, jedenfalls fürs erste Anschauen.
Aus einiger Entfernung – und mit dem gewissen Blick einer kindlich-frommen Phantasie – schließen sich die Wunden im Hügel, wachsen die Mauern plötzlich hoch, als wäre Orpheus ihr Erbauer, erhebt sich wieder der mächtige heilige Turm über der Feste Ilion, donnert die Ebene wider vom heiligen Fest dieses Krieges, der zugleich ein grauenvolles Gemetzel war – ein göttliches Gemetzel, ein brutales Schlachtfest mit poetischen und unmenschlichen Höhepunkten, voll Befremdlichkeit, Barbarei, urtümlichem Haß, auf uns gekommen in dieser faszinierenden Form, der wir noch immer nicht widerstehen können, es sei denn mit den Krücken oder Schwarzgläsern einer tumben oder ausgebeinten Ideologie.

Aus einiger Entfernung: wie eine zerstörte Flak-Stellung, der einsichtsvolle Hügel, der tot ist; Träger der hochpoetischen Feste Ilion: der Hügel Hissarlik, den Schliemann als das Troja Homers erkannt haben wollte, eine Anzahl Kubikmeter Erde, um und um gewendet, jahrtausendealter Schutt, Mauern und Tempelreste, einmal Ursache genug, daß sich Götter darum wütend bekämpften:

»Unmutsvoll nun begann der Herrscher im Donnergewölk' Zeus:
Grausame, was hat Priamos doch und Priamos' Söhne
Dir so Böses getan, daß sonder Rast du dich abmühst,
Ilios auszutilgen, die Stadt voll prangender Häuser?
Möchtest du doch, eingehend durch Tor' und türmende Mauern,
Roh ihn verschlingen, den Priamos selbst und Priamos' Söhne,
Samt den Troern umher; dann würde dein Zorn dir gesättigt!
Tue, wie dir's gefällt, daß nicht der Hader in Zukunft
Beiden, dir selber und mir, zu größerem Zwiste gedeihe.
Eines verkünd' ich dir noch, und du bewahr' es im Herzen:
Wenn auch mir im Eifer hinwegzutilgen gelüstet
Eine Stadt, wo dir erkorene Günstlinge wohnen,
Daß du alsdann nicht weilest den Rächenden, sondern mich lassest!
Gab doch ich selbst dir willig, obgleich unwilligen Herzens.
Denn was unter der Sonn' und dem sternumleuchteten Himmel
Irgend erscheint von Städten der sterblichen Erdebewohner,
Hoch mir vor allem geehrt war Ilios heilige Feste,
Priamos selbst und das Volk des lanzenkundigen Königs.

...

Als nun Hektor erreicht das skäische Tor und die Buche,
Jetzt umeilten ihn rings die troischen Weiber und Töchter,
Forschend dort nach Söhnen, nach Brüdern dort und Verwandten
Und den Gemahlen im Heer. Er ermahnte sie, alle die Götter
Anzuflehn, doch vielen war Weh und Jammer verhänget.
Als er den schönen Palast des Priamos jetzo erreichte,
Der mit gehauenen Hallen geschmückt war (aber im Innern
Waren fünfzig Gemächer aus schöngeglättetem Marmor,
Dicht aneinander gebaut; es ruheten drinnen des Königs
Priamos Söhn' umher, mit blühenden Gattinnen wohnend;
Aber den Töchtern waren zur anderen Seite des Hofes
Zwölf gewölbte Gemächer aus schöngeglättetem Marmor,
Dicht aneinander gebaut; es ruheten drinnen des Königs
Priamos Eidam' umher, mit züchtigen Gattinnen wohnend)
. . .
Aber Helena sprach mit hold liebkosenden Worten:
O mein Schwager, des schnöden, des unheilstiftenden Weibes!
Hätte doch jenes Tags, da zuerst mich die Mutter geboren,
Ungestüm ein Orkan mich entführt auf ein ödes Gebirg hin
Oder hinab in die Wogen des weitaufrauschenden Meeres,
Daß mich die Woge verschläng', eh' solche Taten geschahen!
Aber nachdem dieses Übel im Rat der Götter verhängt ward,
Wär' ich wenigstens doch des besseren Mannes Gemahlin,
Welcher empfänge die Schmach und die kränkenden Reden der Menschen!
Dem ist jetzo kein Herz voll Männlichkeit, noch ward hinfort ihm
Solches verliehn, und ich meine, genießen werd' er der Früchte!

Aber komm doch herein, und setze dich hier auf den Sessel,
Schwager, dieweil dir am meisten die Arbeit liegt an der Seele
Um mich schändliches Weib und die Freveltat Alexandros':
Welchen ein trauriges Los sendete, daß wir hinfort auch
Bleiben umher ein Gesang der kommenden Menschengeschlechter!«

Nicht allein solcher Fluch, solcher Ruhm, solcher Gesang liegt und lastet auf Troja, auf der Stadt liegt und lastet auch das Nachdenken der Jahrtausende; es ist, als könne man Troja inzwischen mit den Büchern aufwiegen, die dieser einzigartigen Stadt rühmend oder analysierend oder schmähend gewidmet wurden. Dem Schiffskatalog der Ilias steht inzwischen ein ebenso umfänglicher und problematischer Fragenkatalog gegenüber: Was bedeutet das: Götter? von welcher Art sind sie, daß sie sich unter Menschen mischen können, um mit ihnen und auch gegeneinander zu kämpfen? wo kommen sie her? was repräsentieren sie? was sind all diese Halbgötter, Heroen und Gottkönige? was drücken sie aus, was enthalten ihre vielfältigen Geschichten? was ist Mythos? wieviel Religiöses steckt darin, wieviel Historisches, wieviel Psychologisches? was ist Dichtung in mykenischer, in homerischer, in attischer Zeit? wer war Homer? gab es ihn überhaupt? was waren seine Quellen, wer seine Vorbilder? wer dichtete Ilias und Odyssee? viele oder nur einer? einer und dann viele? wer waren die Homeriden? was stellte Troja einmal dar? gab es einen homerisch-trojanischen Krieg? wann fand er statt? weshalb fand er statt? wer kämpfte da gegen wen? wie lange wurde gekämpft? wie viele waren es, die kämpften? wie groß war das Schlachtfeld? gab es das Trojanische Pferd? Wann und wie wurde das homerische Troja zerstört? Ilias – was ist daran wahr? was Dichtung? weshalb ist dieses historisch wahrscheinlich, jenes wahrscheinlich Dichtung? gibt es in der Ilias eine folgerichtige Dramaturgie? was geschah mit Troja nach der Zerstörung? weshalb wurde Troja Wallfahrtsort für Xerxes und Alexander, Cäsar und Augustus, Hadrian und Constantin? weshalb beriefen sich Franken und Karolinger, ja sogar die Osmanen auf ihre angebliche Abstammung von den Trojanern? weshalb diese Fülle von Dichtung, von Literatur über Troja seit dem Homer? von den Tragikern bis Vergil, von den byzantinischen Volksbüchern bis zum Humanismus, von der Aufklärung bis zu Kleist, Hauptmann und Hildesheimer? weshalb gab es diesen Trojanischen Krieg der Gelehrten und Archäologen? was tat Schliemann? womit hatte er recht, womit unrecht? stand das homerische Troja überhaupt auf dem heutigen Hügel Hissarlik? wurde das homerisch-mykenische Troja durch Erdbeben zerstört? was ist das überhaupt – dieser Komplex: Troja?

Troja – das ist ein Rätselkomplex aus Mythos und Geschichte, Privatschicksal und Politik, Dichtung und Strategie, Poetologie und Philologie, Archäologie und Geologie, Völkerkunde und Meteorologie, aus Psychologie und sogar Medizin, aus Philosophie und – nicht zuletzt: Phantasie. Die Einzelwissenschaftler haben zahlloses einzelne herbeigetragen, sie haben sich, seltsam einäugig, fündig und mit leeren Händen zugleich, in einen endlosen Krieg gegeneinander verwickelt. Die Phantasievollen, die Phantasten, die rasch und alles Überschauer taten dagegen, was sie immer tun: sie überfliegen die Jahrhunderte mit wenig Flügelschlägen und entlassen Orakelsprüche aus ihren Fängen oder entwerfen die großen Gemeinplätze. Aber selbst ihr Wirken war, als Gegensatz zur verbohrten Akribie der Fachleute, nicht sinnlos. So wurde das Terrain um und um gewühlt: Homer – Ilias – Troja, wahrhaftig und im übertragenen Sinn – was ist uns geblieben: ein Fragenkatalog und ein paar mehr leuchtende als einleuchtende Vorschläge, bis auf diesen vorläufig letzten, vielleicht plausibelsten, den Hildegard Weigel unterbreitete, davon wird noch zu reden sein.

Weil wir hier und heute nur die Skizze einer Skizze zu zeichnen vermögen, weil wir nur ein ganz grobes Raster legen dürfen über dieses Rätselmassiv Troja, beschränken wir uns notwendig auf ein paar Ortschaften, von denen aus gleichsam nur die ganz großen Perspektiven zu ziehen sind.

Wer sich dem Rätsel Troja nähert, nähert sich dem Rätsel der Götter. Wer sich heute dem Rätsel der Götter nähert, tut das entweder von der überheblichen christlichen Warte aus oder als aufgeklärtes Kind dieses entmythologisierten Jahrhunderts. Aus beiden Warten verliert sich rasch der Blick auf Götter und Mythen. Die Ausdrucksweise der Mythen ist eine Sprache, wie etwa das Englische. Wer sich weigert, die Sprache der Mythen als solche anzuerkennen und zu erlernen, dem entziehen sich Mythen und Götter, er vermag, einer entscheidenden Dimension der Wirklichkeit gegenüber, nichts Vernünftiges mehr auszusagen. Dazu ein Beispiel:

Wir kennen das »Urteil des Paris«, den man auch Alexandros nannte, den »Männer abwehrenden«. Dieser Sohn der Hekabe, ausgesetzt im Ida-Gebirge, weil die Mutter vor der Niederkunft geträumt hatte, sie würde eine brennende Fackel gebären, Paris, von einer Bärin gesäugt, von Hirten gefunden und aufgezogen, der also war ausersehen oder verdammt, jenes Urteil zu sprechen, das durch die Jahrhunderte hin sooft und gern dargestellt wurde, er sollte bestimmen – und jetzt erscheint die Urteilsfrage in einer späten, entleerten, aber allein auf uns gekommenen Fassung: wer »die Schönste« sei – Hera, Athene oder Aphrodite. Für die Alten müßte die grausam verkürzte Frage, wer »die Schönste« sei, gewiß töricht geklungen haben. Denn »schön« waren doch alle drei Göttinnen je in ihrem Bereich, der ja ein Seins-Bereich war und den jede personal repräsentierte. Paris hatte also nicht vordergründig ästhetisch zu urteilen, nein, er hatte zu entscheiden zwischen drei Bereichen des Seins: dem des Königtums, dem des Krieges und dem der Liebe. Doch auch diese Bezeichnungen – Königtum, Krieg, Liebe – nennen nur ein einziges Stichwort dieses vielfältigen, reich dimensionierten Seinsbereichs, den je eine der Göttinnen darstellte und mit ihren Geschichten (also Mythen) allenthalben ausdrückte, vor Augen und Ohren führte. Paris wählte also den Seinsbereich der Liebe, wählte damit auch dessen anarchische, chaotische, zerstörerische Aspekte, wählte das Schicksal Helenas (die sich immer auf dieses Fatum, diesen Göttinnen-Spruch berief) – damit war eine der Ursachen des Trojanischen Krieges, eine der mythischen Komponenten gegeben. Die Mythen haben – philosophisch gesehen – also eine ontische, eine Seins-Dimension; indem sie gleichsam die Geschichte vom Werden und Verhalten des irdischen Kosmos erzählen – und das war für die Griechen die Geschichte vom Werden und Sein der Titanen, Götter, Halbgötter, Heroen – indem sie davon berichten, präsentieren sie das Werdende und Gewordene als religiös-geistig hochbedeutsam: keine Quelle, kein Baum, kein psychischer Zustand, der nicht an dieser Bedeutsamkeit teil hätte, der diese Bedeutsamkeit nicht durch sich selbst repräsentativ und beispielhaft ausdrückte. Wer die Dichtung – Ilias, Odyssee – betrachtet, ohne ihre mythische Tiefe und Bedeutsamkeit wahrzunehmen, dem fehlt eine ihrer wichtigsten Dimensionen, dem werden viele der Aktionen oder Situationen leer vorkommen, willkürlich, lächerlich.

Die Mythen – ihre Seins-Dimension: hinzu tritt etwas, das wir, von heute gesehen, ihre psychologische Dimension nennen können; sie gerade sichert den Mythen das erstaunliche Nachleben und diese aktuelle Präsenz: Ödipus ist dafür nur ein Schlüsselwort. Die Dichtung, Ilias und Odyssee, liefert hierzu einleuchtende und auch vergleichsweise einfach-alltägliche Beispiele.

In einer schwierigen Situation haben wir plötzlich den »rettenden Einfall« oder: Wir reagieren plötzlich ohne nachzudenken richtig – in solch einem Fall tritt in der Dichtung Athene hinter den Helden, hinter Odysseus zum Beispiel, sie berührt ihn an der Schulter, nur ihm sichtbar, sie zeigt ihm die Situation gewiß blitzschnell, wie sie »richtig« ist, sie gibt ihm den rettenden »Einfall« – eine fast alltägliche Begebenheit in mythischer Ausdeutung. Oder eine andere, verwandte psychische Situation – jene Stelle in der Ilias: der zornbebende Achilleus will gegen Agamemnon das Schwert ziehen, eine fatale Unüberlegtheit; da berührt Athene den Achilleus, er erkennt sie, das heißt: Er erkennt die Situation ohne den Zornnebel und steckt das Schwert in die Scheide. Für die mythenträchtige Psychologie der Alten wäre eine solche Wendung undenkbar, menschenunmöglich gewesen ohne diesen raschen Eingriff der Göttin.

Zum Rätsel Troja gehört das Rätsel des Mythos. In der Zeit aber, die die Ilias heraufholt, gehen Mythos und Geschichte noch ineinander über, genauer gesagt: Mythos und Vorgeschichte. Zum Mythos gehören noch die Helden, insofern sie Heroen sind; zwar führt sie Homer als Menschen vor, aber in anderen Mythen handeln die Helden Trojas und ihre Feinde als Heroen. Noch ihre Herkunft, die Homer mitteilt, deutet das an: Ainaias oder Aenaeas war der Sohn Aphroditens und eines Hirten; den Achilleus gebar Thetis, eine bedeutende Meeresgöttin, Achilleus' Name ist mit dem eines Flußgottes verwandt – übrigens erzählt ein Mythos, Achilleus und Helena hätten sich später vermählt, der repräsentative Held und die in Sparta als Göttin verehrte Frau.

Zum Rätsel Troja gehört das Rätsel des Kriegsausbruchs; ein Grund war gelegt mit dem Urteil des Paris – das ist mythische Dimension. Dieser Paris nun fährt nach Griechenland, vielleicht von seinem Vater dorthin gesandt, um die mächtigen mykenischen Könige in einer diplomatischen Mission freundlich zu stimmen, Priamos hatte Grund, mit diesen Herren in Frieden zu leben, der jahrzehntelange trojanische Friede sollte durch Abmachungen – Geschenke, Austausch von Delegationen – gesichert werden, dazu sendet Priamos den jungen Fürsten Paris nach Sparta. Was geschieht dort? Eines der Urgesetze im Mittelmeerraum, noch heute gültig, wird aufs schlimmste verletzt: das Gesetz, das Gast und Gastgeber in Freundschaft bindet und sichert. Es wird durch zweifachen Raub verletzt: Paris nimmt durch List nicht nur Helena mit sich, sondern auch den Schatz des nicht anwesenden Menelaos – zwei Delikte, die eine Grundfeste des damaligen Kosmos bedrohen. Aber ist das Grund genug für den Kriegsausbruch, Grund genug für eine so gewaltige Strafexpedition so zahlreicher Fürsten und ihrer Völker: Hildegard Weigel, deren Hypothesen und Forschungen wir hier folgen – Hypothesen übrigens, auf Homer ebenso gestützt wie auf die Homer-Kritik, auf die unzähligen alten und neuzeitlichen Untersuchungen, wobei Herodot eine Art Kronzeuge wurde, Hypothesen und Schlüsse, mit denen die Autorin versucht, die Ergebnisse möglichst aller Einzelwissenschaften in einer plausiblen, auch psychologisch annehmbaren Zusammenschau einzufangen, Hypothesen schließlich, die, gesichert durch zahlreiche Fakten, doch auch einer klug geführten Phantasie eine Chance geben – Hildegard Weigel also führt Kriegsgrund, Kriegsteilnehmer und Kriegsdauer erst einmal auf annehmbare Maße zurück.

Eine nicht zu unterschätzende Ursache für die Strafexpedition war also der ungeheuerliche Bruch des Gastrechts. Was

geschah nun mit Paris und Helena? Das Paar floh nach Sidon, dann wurde ihr Schiff nach Ägypten abgetrieben, wo König Sethos den Paris verurteilte und des Landes verwies. Helena blieb in Ägypten, Paris irrte umher, bis ihm bei den Hethitern Asyl gewährt wurde.
Paris und Helena also nicht in Troja, zehn Jahre Krieg eine Farce? Diese Annahme ist nicht so neu – selbst oder schon Homer muß davon gewußt haben. Hildegard Weigel nun sucht nachzuweisen, der Krieg um Troja habe nicht zehn Jahre, sondern höchstens zehn Monate gedauert, und dies aus militärischen, klimatischen, allgemein praktischen und menschlichen Gründen. Agamemnon und die Seinen kamen, Paris verfolgend, nach Troja. Priamos konnte vom Raub noch nichts wissen. Den Achäern erschien dieses Nicht-Wissen Arglist und böse Täuschung zu sein – der Krieg begann eines Irrtums wegen, »für eitlen Schein ... floß das Blut in Strömen um Troja«. Nachdem der Krieg begonnen hatte, konnte Paris nicht mehr wagen, nach Troja zurückzukommen. Und das Pferd? Wie wurde Troja schließlich zerstört, wurde es überhaupt durch Menschenhand zerstört – dieses Troja, von dem Homer erzählt? Das Pferd war eine Art Belagerungsmaschine zur Übersteigung der sonst unüberwindlichen Mauer, wie man ähnliche aus dem damaligen Asien kannte; die List kann durchaus psychologisch und militärisch einsehbare Wege gegangen sein; danach wurde die Stadt ausgeraubt, die Menschen getötet oder versklavt, das Brennbare vernichtet.
Hildegard Weigel unternahm den sympathischen Versuch, von der Dichtung soviel wie irgend möglich in die Historie herüberzuretten, andererseits aber die Dichtung in ihrer eigenen Gesetzmäßigkeit zu sehen. Dazu gehört das Problem der großen Zahlen: Priamos soll fünfzig Söhne gehabt haben, es hätten nahezu 115 000 Mann gegen Troja gestanden, der Krieg habe zehn Jahre gedauert – diese

Zahlen beziehen sich nicht auf die Geschichte, wohl aber auf die innere Dramaturgie von Ilias und Odyssee, die beide einen Zeitraum von zehn Jahren suggerieren, danach ist zum Beispiel Telemachos im richtigen Alter ... Also hat der Krieg eine plausible Begründung, einen zeitlich plausiblen Verlauf, ein militärisch plausibles Ende. Wann aber war der Krieg nun wirklich vorbei – das ist doch auch eine der zahlreichen heißen Streitfragen.
Streifen wir kurz das Abenteuer der Chronologie. Das heißt: Wir müssen uns über ägyptische Quellen beugen, wir haben der Frage nachzugehen, wann die Könige Sethos I. und Ramses II. regiert haben, wir kommen nicht umhin, die Neumonde gewisser Jahre und Monate scharfsinnig zu registrieren, wir sind genötigt, den Aufgang des Hundssterns mit gewissen Daten und Ereignissen in Beziehung zu sehen, wir dürfen nicht versäumen, die Zeiten der Nilüberschwemmung, des Wachstums und der Ernte in Rechnung zu stellen, wir dürfen nicht vergessen, die Länge der Trauerfeierlichkeit nach dem Tod Sethos I. mit in die Kalkulation einzubringen; und wenn wir das und noch einiges mehr, was sich ein bißchen wie ein Verschnitt aus Zahlenmystik, Hexeneinmaleins und supermoderner Kriminalistik anhört – wobei wir trotzdem die hohe Seriosität und Wissenschaftlichkeit des Unternehmens nicht anzuzweifeln vermögen –, wenn wir all das erörtert, schlüssig in Beziehung gesetzt, mit allen möglichen Indizien verglichen haben, ja, dann kommt am Ende diese erschütternde und gegenüber der gewaltigen Rätselhaftigkeit des Phänomens nachgerade gewaltig simple und fast erschreckend präzise Aussage zustande: Troja fiel am 10. Oktober 1300 v. Chr. Anders ausgedrückt: Troja fiel im Oktober desjenigen Jahres, in dem Sethos I. starb und Ramses II. sein Regiment antrat. Punktum. Basta. »Die Lösung«. Troja fiel, und zwar durch Menschenhand in der Siedlung VI und

nicht in VI a, wie die amerikanischen Ausgräber in unserem Jahrhundert behauptet haben, auch nicht durch ein Erdbeben.

Troja wurde im Lauf der Jahrtausende bis zur endgültigen Aufgabe immer wieder neu besiedelt. Den Ausgräbern bieten sich die verschiedenen Besiedlungen als verschiedene Schichten aus Schutt dar, von der ältesten, die ins 4. Jahrtausend zurückreicht, bis zur neunten, in der sich Cäsars Wiederaufbau, trotz aller späteren Zerstörung historisch-archäologisch nachweisbar erhalten hat. Was nun jenes homerisch-mykenische Troja betrifft, so dürfte es eben in der VI. Schicht zu suchen sein.

Wie dem auch sei: Troja, das mykenische, war nicht mehr – nun erst, Jahrhunderte später, konnte es seine strahlende Auferstehung erleben: in der Dichtung, in der Kunst, ja sogar in der Politik. Und parallel dazu auch wieder real: Troja wird Wallfahrtsort und politische Rechtfertigungs- und Ahnherrenkultstätte für Jahrtausende. Bereits im 8. Jahrhundert sind die Stoffe um Troja, in welcher Form auch immer, das Bildungsgut schlechthin, Ilias und Odyssee werden Grundschulbuch und Bibel in einem, dabei weiten sich die Mythen und Erzählungen des trojanischen Umkreises üppig aus, neben den gleichsam autorisierten Rhapsodenfassungen gibt es bald geraffte Nacherzählungen und Inhaltsangaben. Athenisches Gesetz bestimmt, die Ilias solle bei den Pan-Athenäen, also alle vier Jahre, durch Rhapsoden vollständig vorgetragen werden. Schon um 600 waren Troja-Stoffe in Sizilien poetisch bearbeitet worden – hier beginnt nun die lange und fruchtbare Reihe der mehr oder minder subtilen, mehr oder minder skurril und künstlich geknüpften Beziehungen zwischen einer bestimmten historischen Gegenwart und deren machtpolitischer Situation einerseits und jenem mythisch-poetischen, aber nun als real empfundenen Troja andererseits. Das beginnt also in Sizilien, man glaubte, es habe dort troische Kolonien gegeben, Aenaeas sei nach Hesperien – das heißt wohl: Italien – gekommen, auch Odysseus und Diomedes waren doch nach Westen gefahren, also – und jetzt kommt der magische und folgenreiche Schluß, der durch die Jahrhunderte nachgeahmt wird: also hatten die Westgriechen die politisch-religiöse Berechtigung, dort zu siedeln, wo sie bereits saßen – in Sizilien. Wie schon gesagt: Troja wird Wallfahrtsort, Xerxes weiht der Athene tausend Rinder, unter wechselnden Herrschern vermag sich die Stadt mit einigem Glück relativ frei zu halten; hohe Zeit erlebt sie durch Alexander, der sich als Nachkomme des Achilleus sieht und nun das Denkmal seines Ahnherrn salbt, der das große Athene-Opfer vollzieht und der Stadt reichlich spendet und Sonderrechte verleiht. Übrigens gab es, gegenüber solch politisch motivierter Euphorie, immer schon Gegner des Troja- und auch des Homer-Kultes; Euripides zeigt sich nicht als Freund der Vernichter Trojas, Platon vollends leugnet schlechthin den erzieherischen Wert der Homerischen Gedichte, in denen sich die Götter selbst bekriegten. Vielleicht hatte Platon, der »erste Christ«, wie Nietzsche ihn nannte, schon all die frühen Verständnisgründe verloren oder abgestoßen, dieser konservative Feind der Dichter, die er in seinem höchst totalitären Staat nicht dulden wollte, der Illusionär, dessen politische Philosophie in der Realität zerbrechen mußte.

Natürlich waren auch die »linken« Kyniker heftige Gegner Homers, dessen Dichtungen dann in Alexandria, an der dortigen Universität, jene ersten wissenschaftlich-philologischen Ausleger fanden; nun erschienen Kommentare, Speziallexika, raffinierte textnahe Untersuchungen, schon tauchen die nunmehr so alten Fragen auf: wo lag Homers Troja, was war das für eine Art Roß, das die Feste des Priamos den Feinden öffnete; der Trojanische Krieg der Gelehrten hatte begonnen.

Eine gewaltige Blüte erlebte Troja unter den Römern, und hier vor allem durch die Familie der Claudier. Vorher war, durch seltsame sprachliche Kniffe, aus Alt-Ilion Alt-Rom geworden und aus Neu-Rom wurde nun Neu-Ilion; es hieß wieder, achäische Männer und trojanische Frauen hätte es nach Italien verschlagen – eine der trojanischen Frauen hätte Rome geheißen – Rom wäre also trojanische Kolonie geworden, nichts natürlicher deshalb, als Neu-Ilion unter den besonderen Schutz von Rom zu stellen; das hieß mit wenig anderen Worten: Roms Einfluß im östlichen Mittelmeer war sakrosankt, dank dieser nächsten Verwandtschaft mit der heiligen Stadt in der Troas.
Ganz ähnlich sahen oder konstruierten die Julier ihre Nähe zu Troja und damit die uralte Legitimität ihres Herrschaftsanspruchs: einer der Söhne des Aenaeas, fand man heraus, habe Askanos-Ilos geheißen, und von Ilos nach Julus war dann nicht mehr weit, der trojanische Julus galt seitdem als Stammvater der Julier. Die Julier dankten den Trojanern diese Verwandtschaft sehr, Cäsar hat dort emsig gebaut, die Schicht IX des Hügels Hissarlik bezeugt, wie reichlich und üppig die Stadt anwuchs, bis zu 40 000 Menschen sollen damals in dem römisch protektionierten Troja gelebt haben. Der Ort wandelte sich dabei vom Wallfahrtsort zur Touristenstadt, schon damals gab es Einrichtungen, die unseren Reiseunternehmen recht ähnlich sind, zahlreiche Besucher huldigten der politisch so einträchtigen Ahnherrin, viele Kaiser waren darunter, Augustus, Nero, Hadrian. Inzwischen wuchs daheim in Rom die Troja-Literatur, das heißt jene Dichtung, die das Homerische für den eigenen, römischen Staatsgebrauch weiter- und zurechtspann: Vergils Aenaeis entwickelt sich zur überragenden nationalen Dichtung der Römer, Ovid bedient sich der Troja-Stoffe auf seine Weise, dann begann die lange Reihe der Roman-Dichtungen – Troja selbst aber genoß währenddessen dreieinhalb Jahrhunderte lang die »Pax Romana«.

Dann plünderten die Goten Ilion. Aber die Stadt gewann noch einmal eine verblüffende, konkret politische Bedeutung: jener fatale Kaiser Constantin, auf der Suche nach einer neuen Reichshauptstadt, spielte mit dem Gedanken, Troja so hoch zu erheben. Ein Traum verhinderte das: da habe Gott den Kaiser mißbilligend auf die heidnischen Kulte in Troja hingewiesen und ihm geraten, doch lieber in Rom zu bleiben. Der arme Kaiser Julian, den viele den Apostaten, manche den Erleuchteten genannt haben, Julian hat Troja noch einmal besucht, dann erlitt die Stadt das Schicksal der meisten alt-heiligen Stätten, Ilion zerfiel rapid, die Ruinen benutzte man als Steinbruch, im Athene-Tempel standen die Kalköfen – noch heute sieht man Antikes in zahlreichen Häusern der Umgebung verbaut.

Erinnern wir uns, aus Anlaß dieser Zerstörung, die die endgültige war, an jene Vernichtung, die die Feste des Priamos traf, erinnern wir uns mit diesen Versen Vergils, der von der letzten Nacht berichtet, als die griechischen Soldaten den Bauch des Pferdes verlassen hatten, die Stadttore geöffnet waren – und nun das Grauen begann:

»Wer doch könnte das Morden und all' die Leichen beschreiben
Dieser Nacht, wer fände der Tränen genug für das Elend?
Uraltes Troja, es stürzt, das so viele Jahre geherrscht hat!
Zahllos liegen auf Straßen ermordet die wehrlosen Körper,
In den Häusern und selbst auf geweihten Schwellen der Götter.
Doch, es büßen nicht nur die Teukrer allein mit dem Blute,
Manchmal kehrt noch zurück der Mut ins Herz der Besiegten:
Auch der siegende Danaer fällt. Rings grausamer Jammer,
Rings Entsetzen und Angst und der Tod in tausend Gestalten.«

Im Westen wurde – zusammen mit allem Griechischen und Römischen – dies untergegangene Troja eine Weile lang vergessen, im Osten dagegen stand es schon bald strahlend wieder auf, wenigstens als literarische Realität; die Tradition zerbrach dort nicht ganz. Schon im 9. Jahrhundert begann man, sich wieder auf das Erbe zu besinnen: es entsteht eine neue byzantinische Literatur um Troja, es entsteht zum Beispiel ein Volksbuch, die »Troika«, es entstehen Prosaergänzungen zum Homer.

Im Westen, als man sich dort wieder einzurichten und zu besinnen anfing, kramte man die alte Griechenfeindlichkeit und Trojafreundlichkeit hervor und mit ihr den von Rom ererbten Zwang, ebenfalls eine handfeste, uralte Abstammung nachweisen zu müssen, eine Abstammung natürlich von Troja, im Westen also geht das seltsame Spiel bald weiter, dieses politische Spiel: man entdeckt plötzlich einen Ur-Troer mit Namen Frankus – der Name sagt genug, und er tut seinen braven Dienst: selbstverständlich stammten also die Franken von den Trojanern ab – am Rhein soll es ein Troja gegeben haben. Nach den Franken sind es die Valois und die Bourbonen: ihr Stammbaum geht direkt auf Hektor zurück. Hagen war, als Franke, Trojaner-Abkömmling. Aenaeas, jener Trojaner aus Altrom, hatte einen Enkel, der hieß Brutus, mit anderem Klang auch Brito genannt – woher also kamen die Ahnväter der Britannen? Fast unnötig zu sagen, daß es auch in England ein »Troja nova« gab. Um diese Abstammungsposse – mit politisch höchst realen Hintergründen – auf die Spitze zu treiben: Im 14. Jahrhundert war zu hören, es seien Trojaner als Torci oder auch Turci an der Donau hängengeblieben: was Wunder, daß die Osmanen als Turci Troja-Abkömmlinge waren, und somit ihr Herrschaftsanspruch allerhöchste, alleräłteste Legitimität besaß.

Im Schatten dieser politischen Ansprüche und skurril kon-

struierten Verwandtschaftsnachweise blühte durchs ganze Mittelalter eine üppige Troja-Literatur; da gab es zum Beispiel jene 30 000 Verse »Histoire de la guerre de Troye« von 1161. Benoit de Sainte war ihr Autor, das Werk wurde mannigfach übersetzt und als Quelle für zahllose Nachahmungen und Neufassungen benutzt.
Schließlich: Renaissance und Humanismus – das hieß: Neuentdeckung Homers in der Ursprache, die so lange als Heidenidiom verketzert war, das dritte Zeitalter des trojanischen Ruhms begann, eine kaum zu zügelnde Homer-Begeisterung brach los, die auch politische Auswirkungen hatte, zum Beispiel in Frankreich; eröffnet wurde die lange Reihe von Versuchen, den geliebten Homer ins geliebte eigene Idiom zu übertragen – inzwischen gibt es zum Beispiel einen deutschen Hexameter, der Streit darum scheint noch lange nicht zu verstummen; wie auch die Reihe der Übertragungsversuche gewiß noch nicht am Ende ist. Und wieder wurden Ilias und Odyssee Schullektüre, wieder bot sich der unsterbliche Stoff an, Romane entstanden, Dramen, Travestien, Filme – bis in unsere Tage.
Inzwischen war dieses merkwürdige Phänomen Schliemann auf dem Troja-Plan erschienen, dieser geniale Dilettant mit seiner verblüffenden, übrigens auch körperlichen Zähigkeit, Mischung aus rationalistischem Kaufmannsgeist – ganz 19. Jahrhundert! – und dieser fast zeitlosen, kindlich begeisterten Gläubigkeit an seinen Homer: Hatte er nicht recht in allem und jedem, konnte man dieser höchsten Dichtung nicht bis ins letzte und allerkonkreteste vertrauen?! Wie doch fast tragisch, daß Schliemann, der Ausgräber, nicht das homerisch-mykenische Troja fand, das war erst dem Nachfolger Dörpfeld beschieden.
Aber in Wahrheit: was ist das eigentlich: Troja? Gab es denn wirklich ein Troja Homers? in welcher Schicht sollte es sich verbergen? war es durch Menschenhand gefallen

oder durch ein Erdbeben? gab es überhaupt diesen Krieg um Troja? weshalb brach er aus, wann war er zu Ende? das Pferd –: eine Dichtererfindung? wo waren Paris und Helena während des Krieges? dauerte der Kampf zehn Jahre oder zehn Monate? wer war eigentlich der Dichter der Ilias, der Odyssee? gab es einen, gab es mehrere Dichter, Nachdichter, Nachsänger, Kompilatoren? wie war das mit der mündlichen, der schriftlichen Überlieferung? was ist schließlich neuere Zutat, was älter, was alt, was uralte Formel? Homer, wenn es ihn gab, war er wirklich blind? wo ist er geboren worden, wo hat er gelebt? in Smyrna? wo irgend im jonischen Kleinasien? vielen galt er als der größte Dichter, manchen gilt er als Stifter einer »homerischen Religion« – welche Art Religion ist das? und welche Art Götter? was bedeuten all diese Halbgötter, Heroen, Gottkönige? was bedeuten ihre Geschichten, wie beschaffen ist ihre religiös-psychologische Qualität? woher kamen sie alle: Apollon und Aphrodite, Hera und Athene, Poseidon und Zeus? Ursache genug, daß sich Götter darum wütend bekämpften, jahrtausendealter Schutt, Mauern, Tempelreste, um und um gewendet, eine Anzahl Kubikmeter Erde ... noch immer – welch seltsame, sehr griechische Prophezeiung, die wahrlich eintraf: kommenden Menschengeschlechtern ein Gesang.

Aus einiger Entfernung und mit dem gewissen Blick einer kindlich-frommen Phantasie schließen sich die Wunden im Hügel, wachsen die Mauern plötzlich hoch, als wäre Orpheus ihr Erbauer, erhebt sich wieder der mächtige heilige Turm über der Feste Ilion, donnert die Ebene wider vom heiligen Fest dieses Krieges, der zugleich ein grauenvolles Gemetzel war – ein göttliches Gemetzel, ein brutales, ja ekelhaftes Schlachtfest mit poetischen und unmenschlichen und ungöttlichen Höhepunkten, voll Befremdlichkeit, Barbarei, urtümlichem Haß, auf uns gekommen in dieser faszi-

nierenden Form, der wir noch immer nicht widerstehen können, es sei denn mit den Krücken oder Schwarzgläsern einer tumben oder ausgebeinten Ideologie.
Aus einiger Entfernung wirkt der Hügel noch immer beachtlich, zwar nicht wie ein Herrscher über seine Ebene, doch wie einer, der Einsicht hat, dem nichts entgeht. Aber der Hügel ist tot. Er ist nicht einmal das Denkmal seiner selbst. Man hat diesen beachtlichen Körper seziert, immer wieder seziert – und dann ließ man ihn liegen, ein Teil seiner Gliedmaßen präsentiert sich so geordnet wie die Präparatoren sie verließen, der andere Teil – als wären es die Innereien – bietet sich chaotisch dar, jedenfalls fürs erste Anschauen.
Aus einiger Entfernung wirkt der Hügel wie bombardiert, es könnte dort eine Flak-Stellung gewesen sein: man hätte sie angegriffen, zerstört, abtransportiert. Noch vor zehn Jahren kam man nur mit Erlaubnis des Militärgouverneurs hierher. Wer heute vom Hügel nach Westen geht, trifft nach etwa vier Kilometern auf Schilder: Betreten für Ausländer verboten, die Kanonen sind mit bloßem Auge auszumachen. Im Norden des Hügels die Dardanellen, Entfernung fünf Kilometer. Man sieht jedes Schiff, das ein- oder ausfährt. Der Hügel – türkisch: Hissarlik; griechisch: Troja.
Was bleibt schließlich im Rückblick? ein vielfältig-vieldeutiges, vielgedeutetes Rätsel – partienweise in helles, ja schmerzliches Licht getaucht, partienweise im Halbdunkel allfältiger Spekulationen, partienweise hinüberragend in die uns kaum noch erschwinglichen Höhen sangbarer Mythologie:

»Poseidon taucht hier aus der Salzflut auf
Des Aigeus, wo der Nereustöchter Fuß
Die schönste Spur gewundnen Tanzes schreibt.
Seit ich mit Phoibos um der Troer Flur

Den Mauerkranz nach ganz genauem Maß
Gezogen, hab ich meine Freundschaft nie
Von dieser meiner Phrygerstadt gewandt.
Nun liegt sie, vom Argiverspeer zerstört,
In Schutt und Rauch: der Phoker vom Parnaß,
Epeios, von Athena klug belehrt,
Erschuf das ganz mit Kriegern schwangre Roß:
Ein Todesbildwerk sandte er der Stadt.
Die Haine sind verlassen und der Sitz
Der Götter blutgerötet, am Altar
Des Herdbeschützers Zeus fiel Priamos.
Als Beute schleppt man ganze Berge Golds
Zur Griechenflotte, und sie warten nur
Des Rückenwinds, der die Belagerer
Der Stadt nach zehen Jahren heimwärts trägt
Zum frohen Wiedersehn mit Weib und Kind.
Die Herrinnen von Argos und Athen,
Hera und Pallas, haben mit der Stadt
Auch mich bezwungen, und so scheid ich denn
Von meinem stolzen Sitz und Heiligtum:
Wenn eine ganze Stadt verödet liegt,
Sinkt auch der Dienst der Götter in den Staub.«

Klage des Poseidon am Eingang der »Troerinnen« des Euripides – was also bleibt schließlich? Vielleicht ein gewaltiges Symbol, eine riesenhafte Metapher für die damals noch tragische Sinnlosigkeit – tragisch, weil ja nun einmal Götter gegen Götter standen, Seinsqualitäten erhoben sich widereinander, Erinnerung an jene uralten Kämpfe der Mächte, Nachklang des düsteren, schreckenvollen, blutigen Werdens unseres irdischen Kosmos – die damals also noch tragische, heute aber ganz nackte, durch gar nichts mehr zu rechtfertigende, durch keinen Gott-Spruch je zu legitimierende Sinnlosigkeit des Krieges.

Unter der Stiefelspitze

Sizilianische Notizen

Am 5. April 1787, Goethe in Palermo, er schreibt ins Tagebuch:

»Bei allen Heiligen! sagt mir, rief ich aus, woher kommt die Unreinlichkeit eurer Stadt? und ist derselben denn nicht abzuhelfen? Diese Straße wetteifert an Länge und Schönheit mit dem Corso zu Rom. An beiden Seiten Schrittsteine, die jeder Laden- und Werkstattbesitzer mit unablässigem Kehren reinlich hält, indem er alles in die Mitte hinunterschiebt, welche dadurch nur immer unreinlicher wird und euch mit jedem Windshauch den Unrath zurücksendet, den ihr der Hauptstraße zugewiesen habt. In Neapel tragen geschäftige Esel jeden Tag das Kehricht nach Gärten und Feldern: sollte denn bei euch nicht eine ähnliche Einrichtung entstehen oder getroffen werden?
Es ist bei uns nun einmal, wie es ist, versetzte der Mann: was wir aus dem Hause werfen, verfault gleich vor der Türe über einander. Ihr seht hier Schichten von Stroh und Rohr, von Küchenabgängen und allerlei Unrath; das trocknet zusammen auf und kehrt als Staub zu uns zurück. Gegen den wehren wir uns den ganzen Tag. Aber seht, unsere schönen, geschäftigen, niedlichen Besen vermehren, zuletzt abgestumpft nur den Unrath vor unsern Häusern.
Und, lustig genommen, war es wirklich an dem. Sie haben niedliche Beschen von Zwergpalmen, die man mit weniger Abänderung zum Fächerdienst eignen könnte, sie schleifen sich leicht ab, und die stumpfen liegen zu Tausenden in der Straße.«

Es ist bei uns nun einmal, wie es ist; der Abfall, das ist Schicksal, Fatum, unabänderlich; man sammelt ihn heute in häßlichen schwarzen Kunststoffsäcken. Man stellt sie auf die Straße, kaum recht verschlossen, Hunde kommen, der Wind, überall diese häßlichen schwarzen Kunststoffsäcke,

oft aufgebrochen, wer holt sie je ab? Eine Frau wirft ihren Müll aus dem Fenster, ein Mann wirft die geleerte Flasche über die Mauer seines opulenten Innenhofes, die Stadt Messina schafft ihren Abfall ins Meer, bei ungünstiger Strömung verschmutzt er die Strände im Osten der Insel, die Zeitungen protestieren, Taormina beklagt sich bitter, es ist bei uns nun einmal so, wie es ist.
Der Dreck ist Schicksal, wie die Armut, wie das Erdbeben und seine Folgen, wie die bösen Gesetze von Rom, das ist nun einmal so, wie es ist, janusköpfiges Eiland, Aufruhr und Resignation kompliziert gemischt, die Leute sind grausam und gottergeben, stolz und voller Melancholie, gewalttätig und versunken in abgrundtiefe Apathie, die Leidenschaft staut sich, die Dämme brechen jäh und zerstören sinnlos, es ist bei uns nun einmal so, wie es ist.
»Dieser dreieckige Kontinent«, voller Geheimnis, versunken in Aberglauben, einmal hellenischer als Hellas, nun kaum noch italienisch, keineswegs Afrika zugewandt, wie die Norditaliener abfällig meinen, gebt ihr doch einen Tritt, dieser törichten Insel, sie soll nach Afrika treiben, dort gehört sie hin; aber Sizilien ist nicht Afrika, Sizilien ist auch mit den anderen großen Inseln des Mittelmeers, mit Kreta etwa oder Zypern unvergleichbar, Sizilien ist ein ärgerlicher, faszinierender, düsterer, sonnendurchglühter, zornbebender, lächelnder, ein fürchterlicher und leidenschaftlich geliebter Sonderfall. Sizilien ist die Insel permanenter Rätselhaftigkeit mitten im strahlenden Licht.
Am Anfang war Mamma mia. Mamma mia wälzt sich durch die Straßen ihres Viertels, um sich die Kinder, viele Kinder. Die Kinder, das heißt: die Söhne. Töchter zählen nicht. Töchter zählen erst, wenn sie selbst Mamma mia sind, also Söhne haben. Mamma mia treibt mit ihren Kindern durch das Viertel, resolut, argwöhnisch, nach außen eine Tigermutter, nach innen Pelikan, der sich schlachten ließe:

von den Söhnen, für die Söhne. »Die Kinder sind Götter, sie sind Erlöser, sie sind Jesus.« Die Kinder werden geliebt, wie der Tod.
Sizilien liebt den Tod. Auch der Sizilianer erfährt den Tod als Schwärze in der Höhe des Mittags. Die Alten verboten in der Höhe des Mittags den Tempelbesuch. In der Höhe des Mittags scheint die Sonne im Wahnsinn. Der Sonnenstier stampft, die weiße Helligkeit schlägt um in die Schwärze, in der weißen Helligkeit des Mittags erscheint die Schwärze des Todes. Die Sizilianer lieben diese Schwärze, sie spielen mit ihr, sie hüllen sich darein, sie suchen sich darin zu verbergen.
Die sizilianischen Griechen übernahmen von den Sikelern die Kulte der Unterweltsgottheiten. Der Raub der Persephone geschah auf Sizilien, bei Enna kam Pluto aus einer Höhle ans Tageslicht, bei Enna spielte die Kore Persephone in einem Hain voller Blumen, bei Enna wurde sie von Pluto geraubt, und er nahm sie zu sich hinunter in den Hades. Enna ist der Nabel der Insel, die heute noch fruchtbare, liebliche Mitte Siziliens.
Schrecken und Tod: Eine Metope des Tempels C in Selinunt zeigt Perseus, wie er die schreckliche Gorgo tötet, ein Gorgonenhaupt ziert das Wappen Siziliens: Trinakria, so der homerische Name der Insel, Trinakria wird dargestellt als dreibeiniges Rad, die Fersen geflügelt, in der Mitte das entsetzliche Haupt der Gorgo.
Ebenfalls in Selinunt fand man diese seltsamen Zwillingsstelen, Doppelköpfe aus einem Stück, ein chthonisches Paar, Mann und Frau, einzigartig im mittelmeerischen Raum. Überall auf der Insel weht Vorwelt her, vorgriechisches Grauen, von den Griechen aufgenommen in die eigene Pietät, die sizilianischen Griechen scheinen dem Tode näher gelebt zu haben als die im heimatlichen Hellas, vielleicht hat sich die Insel ihre dunkle Kultur erzwungen.

Und das geht so fort durch die Geschichte. 1445 entstand das Wandbild »Der Triumph des Todes«, zu sehen in Palermo, im Palazzo Sclafani, der Tod, auf dürrer Mähre, reitet zu Kaiser und Päpsten, reitet durch eine schwelgende Welt auf der Suche nach den Opfern, die Kranken aber und die in Not sind, bitten vergebens um Erlösung; auch das eine Arbeit, aus der Sizilien spricht.
Schließlich die Perversion, der Umschlag durch allzu große Nähe und Fülle: »Konvent der Kapuziner« in den Katakomben von Palermo, größte Mumien- und Skelettesammlung der Welt, angelegt, hergerichtet, arrangiert in diesem schrecklichen 19. Jahrhundert: Mumien, Schädel, Knochen, Tausende in langen Reihen, Frauen, kostümiert, Kinder, im Kleid, das sie zuletzt trugen, die Vielzahl tötet das Grauen, die Masse erstickt die Trauer, über all dem, aus all dem grinst die Grimasse eines unfrommen, kalt-kitschigen Zynismus.
Das ist nun einmal so, wie es ist: der nahe Tod, die nächste Armut, der schützende Aberglaube, welch eine Mischung aus heruntergekommenem Heidentum – Straßenastrologen, Dorfwahrsagerei, die Kultstätten einer makabren oder rohen oder deftigen Wallfahrer-Unkultur – aus heruntergekommenem Heidentum und nie ganz hochgeführter Christlichkeit: Palermo, 19. September, irgendein Festtag der Madonna, in der Vorstadt tragen sie eine Madonnenstatue während der Prozession, Trommelwirbel, junge Burschen reinigen der Madonna rituell die Füße, aber welch eine Maria ist das – es gibt rührenden Kitsch, Kitsch, der zum Lachen ist, es gibt einfach dummen, geistlosen Kitsch – der hier jagt mir Schrecken ein, sehen sie denn nicht diese erschütternde Demonstration von Heuchelei auf dem Tränenantlitz der Madonna, das ist eine Göttin der Falschheit, sie tragen die Göttin der Falschheit durch ihre Straßen und sehen nicht, was sie da tun.

Das ist nun einmal so, wie es ist: du kommst an in Palermo, die Stadt schlägt dich in Bann, ja, sie schlägt dich, aggressiv, Widerspruch nicht duldend, ich bin schön, hingestreckt um die in Pracht ausgedehnte Bucht, von diesem wohlbehauenen Kalkklotz überragt, dem Monte Pelegrino, von da oben der Blick in die Conca d'Oro, die Goldene Muschel, das gärtnerische Hinterland voll üppiger grüner Überfülle, keine Frage erlaubt, ich bin schön, auch noch während der ersten Durchfahrt ein heiler Zauber, baumreiche, breite Avenuen im neuen Bezirk, hier scheint der Atem leicht zu gehen und weithin.

Das verfliegt sehr rasch. Schon der zweite Anlauf ernüchtert jäh. Nach einer Weile hältst du inne: was ist das, plötzlich scheint diese Stadt wie mit unsichtbarem Grau überzogen, eine kaum faßliche Feindschaft weht her, eine in all der Hitze erkältende Gleichgültigkeit. Was geht da vor? Ist es der Lärm, den du in der ersten Euphorie so nicht wahrnahmst, dieses Inferno von Lärm, diese Vorhölle aufjaulender Motoren, diese Strafstätte aus Bremsenquietschen und Hupen in Permanenz, und du fährst durch diesen brüllenden Hades, gejagt von boshaften Blechschemen, die alle, alle Erster sein wollen, Erster an den Kreuzungen, Erster an den Ampeln, alle zugleich, ein jaulender Wille, und da stehn sie dann mit aufdröhnenden Motoren bis zum Start in den nächsten röhrenden, giftigen, sinnlos hektischen Ausbruch auf ein gänzlich absurdes Ziel zu. Ist es etwa das, der Lärm, das bösartige Jagen, dieses ganz und gar irrsinnige Toben der Blechschemen im jaulenden Straßeninferno?

Das ist es nicht. Der Lärm, weit entfernt, noch Ausdruck südlicher Lebenslust zu sein, dieser Lärm signalisiert eine Fluchtreaktion großen Ausmaßes. Wir fahren zum Parkplatz beim Obelisken. Kein offizieller Parkplatz, aber es sind zwei Wächter da, ein Junge mit Schiffermütze, ein älterer Mann, einäugig. Dem Einäugigen nähert sich ein massiger Typ, er redet mit dem Einäugigen, der Einäugige greift in die Tasche, zeigt die Münzen, die er eingenommen hat, der Massige tastet die Taschen des Einäugigen ab, dann geht der Massige grußlos davon.

Also Mafia. Hier, im Winzigen, anfangs nur lächelnd vermutet, später vollauf bestätigt, denn es steht in Palermo jeder Bettler dort, wo ihn die Mafia haben will. Also Mafia. Das kleine Beispiel des Parkplatzes am Obelisken scheint mir typisch und signifikant: da hat jemand, aus welchen Gründen auch immer, die Macht, auf einem öffentlichen Platz Parkgelder einzunehmen. Und er hat die Macht über zwei Eintreiber, die ihm gänzlich ausgeliefert sind. Der Boß gibt nichts her, nur seine Macht, er gibt kein Kapital ins Geschäft, er bringt keine Arbeit ein, er kassiert, er hat die Macht.

Mafia ist parasitär. Ein Boß und zwanzig Personen bilden die Cosca. Der Boß regiert damit eine Klientel von einigen hundert Personen: dem Bauern läßt er Pachtland besorgen, dem Arbeiter Arbeit, dem Bauherrn die Baugenehmigung. Seine Helfer sitzen in Ämtern, in den Gerichten und Parlamenten. Es gibt keine Statute, nichts wird schriftlich gegeben, nichts ist beweisbar. Es gibt die Fischmafia, die Wassermafia, die Mafia der Wächter, der Latifundien, die Mafia der Archäologie, es gibt die neuere Mafia industrieller Vermittlerdienste, die in den Büros der privaten Unternehmungen sitzt und in der öffentlichen Verwaltung. Mafia ist parasitär, und sie hat die Macht. Sie erhält sich diese Macht durch die Gesetze der Omertà, der Verschwiegenheit: »Wer nichts sieht, nichts hört, nichts redet, wird hundert Jahre alt.« Wer sieht, hört und redet gerät in die Fänge eines rituellen Strafsystems; eines ihrer alten Vollzugsorgane ist die Lupara, die Schrotflinte mit dem abgesägten Lauf, ihre neue Waffe ist der Colt. Mafia hat die Macht. Sie verbreitet Schrecken und verdient daran, daß sie vor dem selbstgeschaffenen Schrecken schützt. Mafia ist erzkonservativ, allen Reformen feindlich gesonnen, dabei aalglatt anpassungsfähig: »Mafia ist Luft, die wandert.« Mafia hatte einmal private Schutzfunktionen, im vorigen Jahrhundert, als der Staat zu schwach war, Menschen und Güter zu schützen. Mit einem geheimen Klientelsystem verteidigte Mafia die Familie, den Clan, in Selbsthilfe. Als der Staat selbst mafiose Züge annahm, unter Mussolini, wurde die Mafia fast vernichtet. Die befreienden Amerikaner holten die Mafia, so heißt es, zurück. Sie taten das, so heißt es, weil Mafia streng antikommunistisch wirkt. Heute erscheint der Staat als Konkurrent der Mafia, jedenfalls in seiner Schutzfunktion. Mafia lebt von der Aversion gegen Rom, gegen den Staat, gegen nichtprivate Organisation. Mafia lebt von der Gewalt, vom Stolz, von der Ehre. Mafia lebt vom Zusammenhalt der Familie, die zur Familienbande wird, lebt von der Sippe, deren Gesetze über allen andern Gesetzen stehn, von der rätselhaften Affinität des Sizilianers zum Tod.

Am Anfang war die Mamma mia. Sie liebt ihre Kinder wie den Tod, »Kinder sind Götter, sind Erlöser, sind Jesus«. Mamma mia zieht Erlöser groß, Erlöser der Sippe, der Familie, nicht etwa der Societät oder der Menschheit. Was der Sippe nützt ist gut, was ihr schadet schlecht; das Gesetz kommt aus der Mitte der Sippe, nicht von außen. Außen, das ist feindliche Welt; Nachbarsippe, Kommune, Provinz, Staat. Mamma-mia-Erziehung ist streng familiär und absolut asozial. Dieses merkwürdige Matriarchat, in dessen Mittelpunkt der Kinderkult lebt, brennt, glüht, dieses nicht männerfeindliche Matriarchat erzieht glühende Muttersöhne, brennende Verteidiger der Sippe, Verächter des Staates. Und dieses merkwürdige Matriarchat mit dem Söhnekult schaut nur von gestern mittag bis morgen mittag. Ihm ist Augenblick der höchste Gott. So trägt es grimmig von Sohn zu Sohn, von Augenblick zu Augenblick, von Bluttat zu Bluttat seine Armut weiter, seinen ragenden Stolz, seine absurde Hoffnung.

Hinter dem irdischen aber erscheint das himmlische Matriarchat: Sizilianer sind die ausgesuchten Lieblingskinder der Gottesmutter, ihre bevorzugten Schützlinge auf Erden: obwohl doch eine ganze grausame Geschichte dawidersteht: Fremdherrschaft, Unterdrückung, bitteres Elend durch die Natur: die Bindung an die Gottesgebärerin scheint unlösbar, folgt anderer Gesetzlichkeit, selbst die Kommunisten huldigen hier der Maria, oder sie tun doch so.

Mamma mia – Mafia – mater dolorosa: eine unselige, komplizierte, mächtig verwurzelte Dreieinigkeit. Unter diesem Dreigestirn lebt Palermo, leben die Mafiazentren von Alcama über Castellammare und Trapani bis Agrigent, lebt der ganze bergige Westen der Insel. Palermo lebt unter dieser Dunstglocke, die man nicht sehen kann, die man fast ständig zu spüren meint: Gewalt, Argwohn, Apathie, Gleichgültigkeit, Lärm, selbstzerstörerischer Egoismus und eine lähmende Indifferenz dem Fremden, dem Gast gegenüber. Zu spüren in Amtsstuben und Schiffahrtsbüros, in Touristikunternehmungen, in Geschäften und Lokalen – in welcher südlichen Stadt gibt es so wenige Straßencafés – zu spüren auf den Straßen und Plätzen, atmosphärisch, schwer faßbar, unheimlich, penetrant.

Palermo, zwischen Verfall, eben noch aufgehalten, und hektischem Aufbau, nie griechisch besiedelt gewesen, weshalb eigentlich? wegen des Klimas? des exzentrischen Wechsels zwischen tobenden Nordstürmen und heißem Wind aus Afrika, dem Schirokko, plötzlich wachst du auf in der Nacht und das Außenthermometer zeigt 32 Grad, morgens kämpft die Windhitze mit der Sonnenwärme, die

glühend heiße Luft wirft den Staub der Stadt ins Gesicht.
Palermo, immer noch ein wenig Friederichs des Zweiten Stadt, da hatte sie ihren Höhenflug, das bezeugt der Dom, dieses seltsame Architektur-Gebirge verschiedenster Stile, im Barock mit einer Kuppel verschandelt, innen ein ragendes Beispiel kalten Kitsches.
Palermo, Schnittpunkt arabischer, byzantinischer und nordischer Kunstübung: Mohammeds Kuppeln und duftige Gärten, östliche Mosaike und die Epiphanien des Pantokrator, schließlich die in sich gekehrten Stillgebete nordischer Kreuzgänge und die steinerne Wehr: Normannenpalast – S. Giovanni degli Eremiti – La Martorana – S. Cataldo – dann die Piazzi: Pretoria mit seiner barocken Fontana, Piazza Bellini, Piazza, von den Quattro Cani eingefaßt: Verfall, noch eben aufgehalten, das Elend der Altstadt nahbei, die Zeugnisse moderner Bauwut, o mein Palermo.
In der Nähe Monreale, der Dom, von Arabern gebaut, fast rein erhalten, seine zahlreichen Mosaike erzählen die Geschichten des Alten und des Neuen Testaments, ein Bilderlesebuch, kostbare Analphabeten-Bibel, daneben die 200 Säulen des Benediktiner-Kreuzganges, eine ungewöhnliche, schier jubelnde Christlichkeit in dieser musikalischen Architektur, im tausendfältigen Schmuck, als sollte er zeugen für die Fülle der Zeit.
Fülle der Zeit – das signalisiert nun doch Hellas in Sizilien, also Griechenstädte wie eine Perlenkette: Naxos, von Chalkis und Naxos gegründet, Catane und Messena von Naxos besiedelt, in Syracus landeten Dorier aus Korinth, in Gela Dorier aus Rhodos und von Kreta, in Selinunt Dorier aus Megara, in Himera Jonier aus Chalkis, in Alkragas bauten die Rhodier und Leute aus Gela, in Kamarina die von Syracus. Perlenkranz der Griechenstädte, welch ein kurzer, gefährdeter, gefährlicher Glanz, welche Dunkelheit in den

Traum gemischt, den Traum, aus der heimatlichen Enge befreit, nun bauen zu können, ins Weite, ins Hohe, ins Strahlende, das mißriet gelegentlich zum schieren, ganz griechenfremden Bombast, wie bei jenem Apollontempel in Selinunt, über alle Maßen maßlos, oder beim Zeustempel in Agrigent, welch schrecklich unharmonische Größe, und jene Giganten, was sollten sie, tragend, neben den tragenden Säulen? mächtiger, sturer Ausdruck ohne rechte Funktion?

Halten wir einen Augenblick lang in Agrigent. Das arabische, das Arabien zugewandte Meer schimmert zur halben Höhe her, wo sich die antike Stadt kaum vorstellbar ausweitete, von hier, vom hohen Rücken, auf dem die Tempel ruhn, nach Norden die Hänge abwärts und drüben wieder hinauf bis zur Akropolis, zum Zeustempel, wo heute der Dom ist. Dazwischen, in dem freien Hügelraum, unter der mittelalterlichen Stadt erhebt sich nun das moderne Agrigent, von hier unten, vom Platz der Tempel aus, durch die Maße der Säulen betrachtet, ein alptraumhaft-unwirkliches Konglomerat von hohen und Hochhäusern, zusammengesehen mit der immer noch ganz lebendigen Realität der antiken Trümmer ein lachhafter, willkürlicher, sprachloser Aufwand von Material, von stur aufragendem, von protzend lebloser Leerform. Das erfüllte, selbstverständliche, da-seiende Pathos der Landschaft entlarvt das andere Pathos als das des rohen Scheins – riesige Betonsärge, in denen die Maden wimmeln.

Doch nicht solche Töne! Goethe, am 24. April 1787 in sein Tagebuch:

»So ein herrlicher Frühlingsblick wie der heutige, bei aufgehender Sonne, ward uns freilich nie durchs ganze Leben. Auf dem hohen uralten Burgraume liegt das neue Girgenti ... Aus unsern Fenstern erblicken wir den weiten und breiten sanften Abhang der ehemaligen Stadt, ganz von Gärten und Weinbergen bedeckt, unter deren Grün man kaum eine Spur ehemaliger großer bevölkerten Stadtquartiere vermuten dürfte. Nur gegen das mittägige Ende dieser grünenden und blühenden Fläche sieht man den Tempel der Concordia hervorragen, in Osten die wenigen Trümmer des Junotempels; die übrigen mit den genannten in grader Linie gelegenen Trümmer anderer heiliger Gebäude bemerkt das Auge nicht von oben, sondern eilt weiter südwärts nach der Strandfläche, die sich noch eine halbe Stunde gegen das Meer erstreckt ... Der Blick ward in die Wellenweite gezogen, und mein Führer machte mich aufmerksam auf einen langen Wolkenstreif, der südwärts, einem Bergerücken gleich, auf der Horizontallinie aufzuliegen schien: dies sei die Andeutung der Küste von Afrika ...«

Einst vielgerühmtes Agrigent, heute dieser schmerzliche, schreiende Aufprall des Gegensätzlichen.
Dagegen Segesta. Das reine griechische Glück. Obwohl unvollendet, demonstriert dieser Tempel auf seinem Hügel, schwebend und in Ruhe zugleich, eine fast unerträgliche, eine schmerzhaft reine Harmonie, eine nicht menschliche und doch gänzlich hiesige Makellosigkeit der Form, des puren Daseins, des zweifellosen Bedeutens. So schaut er in seine Täler, die er zwanglos beherrscht, weithin als Epiphanie leuchtend, ohne Anspruch, sich selbst genug, Mitte eines freundlichen Kosmos aus Bergen, Hügeln, Feldern, eine wohlproportionierte Ausgewogenheit der Naturformen, in die sich auch das moderne Bauwerk drunten im Tal einfügt, die werdende Autobahn – Straßen bauen, das können die neuen Italiener, wie es die alten Römer konnten – und über all dem fernher grüßt ein Zeusberg, einer, der ein Zeusberg sein dürfte: weshalb nicht rühmen: eine

vollendete Landschaft, in Vollkommenheit beantwortet mit dem menschlich-göttlichen Bauwerk.
Ganz anders, mit Notwendigkeit, wirkt Syrakus, in seiner Ausdehnung und Mächtigkeit Agrigent vergleichbar, schon nicht mehr Selinunt, das kleiner war, Syrakus, in der Antike größer als Rom, eine halbe Million Einwohner, die Stadtmauer 27einhalb Kilometer lang, Sehnsuchtsstadt Platons, der dreimal hier war, bei Dionysos I., jenem Tyrannen aus Schillers Ballade, bei Dionysos II., Platon, Freund des Dion, auf der Suche nach der Verwirklichung seiner Staatsphilosophie in der Realität, in der sizilianischen Realität des Staates Syrakus. Vom griechischen Theater aus, dem größten, das es in der Antike gab, wirkt die Stadt heiter, fein, anmutig der Schwung des weiten Hafenbogens. Eben haben wir die Arithusaquelle besucht, so nah beim Meer, so nah an der Stadt: wie oft verfälschen das die Fotos. Wir besuchen den Dom, hineingebaut in einen griechischen Tempel, dessen Säulen nun wie Rippen vorschauen. Nun wenden wir uns oben zu den Latomien, Schicksalsstätte der 7000 Athener Jungen, Schicksalsstätte der Athener überhaupt, hier schufteten sie im Bergwerk, die Jugend, sinnlos geopfert; dort die Seilerhöhle und das Ohr des Dionysos, dies letzte doch wohl nicht zur Überwachung oder zum Aushorchen der Gefangenengespräche gedacht mit seiner unglaublichen Akustik, eher als ein Verstärker für das Theater, zu dem ein Kanal führte, daraus kamen dann die Stimmen der Götter »mit Hall«: welch ein modernes akustisches Hilfsmittel.
Noch einmal zurück an die Südküste, nach Gela, eine der ältesten Griechenkolonien Siziliens, Mutter von Agrigent, von Selínunt, die Lage wieder einmal exemplarisch für eine Hellenengründung: das Meer nahbei und gebändigt in der Gestalt einer handlichen Bucht, der Felsberg für die Akropolis in praktischer Nähe, rundum nährende Ebene, in

der Ferne von Gebirgen abgeschlossen, von dort kommt das Wasser her: sehr einfach das alles, doch immer neu bewundert dies nicht auftrennbare Einswerden von religiös-strategisch-wirtschaftlicher Praktibilität, zusammengehalten durch diesen Rätselbegriff: Schönheit.

Heute dagegen fährst du tunlich rasch an Gela vorbei, Gela schätzt sich glücklich, eine Öl-Raffinerie zu besitzen. Meist steht der ätzende Rauch vom Meer ins Land. Die Ebene ist verschandelt, die Bucht durch den abenteuerlich häßlichen Zweckbau ebenfalls. Aber was wollen Sie: eine erste Chance, ein erstes Anzeichen, daß die Armut überwindbar wäre, eine kleine Chance, ein winziger, dreckiger Anfang. Was haben wir denn sonst? Wir bohren im Meer bei Ragusa, suchen bei Augusta und Milazzo. Wir haben Methangas bei Catania. Wir haben die Salinen bei Trapani, wir haben Schwefel. Und sonst? gut, wir produzieren 10 % der italienischen Weinernte, wir holen ein Viertel des italienischen Fischfangs aus dem Meer. Darüber hinaus »wo ungesät alles wächst«, wie Homer sang, fressen jetzt die Ziegen und vollenden die Abholzung, wie sie die Aufholzung verhindern. Die Geschichte hat uns ausgeplündert. Das begann schon unter den Römern. Ihre Kornkammer waren wir, ja, sie nahmen mit vollen Händen, schon damals war Roms Magen unersättlich. Es ist wie heute, sagen Sie, was Sie wollen. »Mezzogiorno« – pah. Damit möchten sie sich loskaufen, das ist alles.

»Cassa per il Mezzogiorno«, die »Südkasse«, nördliche Entwicklungshilfe für Sizilien und Süditalien, von den einen als demütigend gehaßt, von den andern beargwöhnt: in welche Kassen und Taschen fließen denn diese Mittel? von den dritten mit einem geschlossenen Auge gutgeheißen, 1950 von der römischen Regierung gegründet, Hilfskasse für Süditalien und Sizilien, dorthin kamen jährlich 200 Millionen DM, inzwischen sollte noch mindestens bis 1975 gezahlt werden. Lohnt sich der Aufwand? Wer bereichert sich? Noch einmal: Mafia? an den fast erfolgreichen Kampf gegen eine bessere Landverteilung erinnern? an den fast erfolgreichen Kampf gegen neuartige Bewässerungssysteme? Wer arm ist, der ist abhängig, der hat Angst, wer Angst hat, den schützt Mafia, wo Mafia schützt, herrscht Ruhe und Ordnung, da gibt es keine kräftigen Kommunisten, da siegt die Democrazia Cristiana, der weltliche Arm der Kirche.

Mafia, das ist vor allem Siziliens Westen, ist die unsichtbare Dunstglocke über Palermo, Dunstglocke aus Angst, Argwohn, Fatalismus, aus Gleichgültigkeit gegenüber den Fremden – einzigartig im Bereich des gastfreundlichen Mittelmeers. Ähnlich Fatales melden sie nun auch aus Catania und Messina, auch in Catania gäbe es zum Beispiel, wie in Palermo, diese typische Seuche, Kleinbanden, Motorrad mit Beifahrer, der Beifahrer greift sich eine Schultertasche, hängt sie sich in den Arm, und wer nicht losläßt, den schleifen sie hinter sich her, bis der Riemen reißt, Sport in Palermo, Sport in Catania, während das geschieht, schauen sie alle weg, hinterher hat keiner etwas gesehen, nur nicht Zeuge sein, nichts reden, nichts gehört haben, das ist bei uns nun einmal so, wie es ist, zumindest in Palermo und in Catania. Wirkt also die Mafia doch nach Osten herüber? Aber diese Kleinbanden haben kaum etwas mit der Mafia zu tun. Oder machen hier etwa andere Ängste die Leute aggressiv und stumpf? zum Beispiel die Erdbeben, zum Beispiel »il monte«, der Berg?

Messina, nahe Skylla und Charybdis aufgebaut, am nächsten dem Festland, »das Tor nach Sizilien«, alte Sikelerstadt, an der Bucht, die die Form einer Sichel hat, oft zerstört in ihrer Geschichte: von den Karthagern, den Römern, Sarazenen und Spaniern, entvölkert durch die Pest, von Cholera und Überschwemmungen heimgesucht, von Erd-

beben, am furchtbarsten im Dezember 1908, 91 % der Häuser zerstört, 60 000 Menschen, beinahe die Hälfte der Bevölkerung in ihren Betten erschlagen, dann noch einmal durch Bomben und bei den Kämpfen 1943 schwer beschädigt, Messina, Schicksal einer Stadt, sizilianisches Schicksal: die Einwohner Messinas glauben sich von alters her bis heute unter dem ganz besonderen und ausgezeichneten Schutz der ganz besonderen und ausgezeichneten Schutzmacht Siziliens, der Gottesmutter, deren Abbild den Ankömmling im Hafen erwartet.
Zwischen den beiden abweisenden Kommunen, Messina und Catania, das immer noch schützend zugewandte Taormina. Am 7. Mai 1787 notierte Goethe in sein Tagebuch:

»Setzt man sich nun dahin, wo ehemals die obersten Zuschauer saßen, so muß man gestehen, daß wohl nie ein Publikum im Theater solche Gegenstände vor sich gehabt. Rechts zur Seite, auf höhern Felsen, erheben sich Castelle, weiter unten die Stadt, und obschon diese Baulichkeiten aus neuern Zeiten sind, so standen doch vor alters wohl eben dergleichen auf derselben Stelle. Nun sieht man an dem ganzen langen Gebirgsrücken des Ätna hin, links das Meerufer bis nach Catania, ja Syrakus; dann schließt der ungeheure dampfende Feuerberg das weite breite Bild ...
Wendet man sich von diesem Anblick in die an der Rückseite der Zuschauer angebrachten Gänge, so hat man die sämtlichen Felswände links, zwischen denen und dem Meere sich der Weg nach Messina hinschlingt. Felsgruppen und Felsrücken im Meere selbst, die Küste von Calabrien in der weitesten Ferne, nur mit Aufmerksamkeit von gelind sich erhebenden Wolken zu unterscheiden.
Wir stiegen gegen das Theater hinab, verweilten in dessen Ruinen, an welchen ein geschickter Architekt seine Restaurationsgabe wenigstens auf dem Papier versuchen sollte,

unternahmen so dann, uns durch die Gärten eine Bahn nach der Stadt zu brechen ... (und) konnten vor dem Sonnenuntergang von der Gegend nicht scheiden. Unendlich schön war es, zu beobachten, wie diese in allen Punkten bedeutende Gegend nach und nach in Finsternis versank.«

In diesem Theater klingt und gaukelt heute son et lumière. Taormina, Touristenstätte seit langem schon, sie wirkte auf mich trotzdem oasenhaft in der sizilianischen Vieldeutigkeit, die landschaftliche Szenerie so augentröstlich-altertümlich, wie die Bewohner und Betreuer sorgsam. Ihr Geschäft, die vielen Fremden zu umhegen, scheinen sie hier ganz ohne Zynismus zu betreiben, oder sie verstehen es vorzüglich und von lang her, sich zu verstellen; man möchte offenbar, daß es wohltut und wohlergeht, daß man ausruht, daß man gediegen Hergerichtetes anerkennend genießt. Wir hatten uns auf Nepp gefaßt gemacht, auf Beutelsschneiderei und Hallodri, vielleicht etwas vornehmer als auf Capri und in Sorrent, aber eben doch drastisch vorhanden. Indessen: es gibt da auch Kitsch und die Internationale der Amüsier-Klischees, aber gleichsam gediegen verpackt, aufbereitet, diskret auf den Ort hin abgewandelt.
Von Taormina aus sieht il monte, sieht Mongibello, sieht DER Berg manchmal aus wie eine japanische Tusche, sanfter Bruder eines durch Kunst besänftigten Fudschijama, der grünschwarze Körper mit dem weißen Kopf gleichsam in Meditation vor das Himmelsblau gelagert, eine arglose Vision, vielleicht verniedlicht und domestiziert, weil man ihn schon sooft von hier aus ansah, gestochen, gemalt oder als Foto in Farbe.
Der Ätna, griechisch Aitne, er ist ganz anders, Pindars »Himmelssäule«, der Berg erschien uns, obwohl mild gestimmt, als wir ihn bestiegen, wie ein ganz und gar urig-

unverständliches Ungetüm. Am nächsten kämen diesem verwirrten Eindruck die alten Mythen in ihrer klobigen Wildheit: Polyphem galt als Herr und Ausdruck des Berges, bis Odysseus und die Seinen ihn blendeten, noch heute sieht man die Zyklopenfelsen unten im Meer vor der östlichen Küste, das schleuderte er damals gegen die Blender. Oder, noch älterer Schicht angehörend: Typhon, ein Ungeheuer, habe sich gegen die Olympischen erhoben, worauf Zeus den Ätna auf und über den Grollenden warf. Anderen galt der Berg, weniger archaisch, als Werkstatt des Hephaistos, obwohl der hinkende Schmied auch eine uralte, erddämonische Mythe repräsentiert. Im Quartär, sagen die Geologen, habe sich der Vulkan mit der »Königin der Inseln« verbunden, vorher war er selbst ein Eiland; seitdem nun wächst er in die Höhe und ringsum ins Land, sein Umfang mißt inzwischen über 200 km, er bedeckt eine Fläche von 1500 Quadratkilometern, die wechselnde Höhe zur Zeit: 3279 Meter. Der Berg bringt Fluch und Segen, Erdbeben und die Fruchtbarkeit der alternden Lava, tödliche Ausbrüche und der üppigen Gärten Glück. Wegen dieser Gärten sind die Hänge dichter besiedelt als irgend sonst in Sizilien. Bis in die Höhe von 500 Metern gibt es Zitrusplantagen, dann wachsen Wein und herbere Obstsorten, bis fast 2000 Meter steigt der Wald an, darüber herrscht schwarze Wüste, neun Monate lang, von Dezember bis Mai, liegt oben der Schnee, manchmal sechs Meter hoch. Die gefürchteten und verheerenden Ausbrüche kommen meist nicht von den oberen Kratern, sondern aus den Flanken des Berges. 1669, als vier Monate lang fast eine Milliarde Kubikmeter Lava den Berg herabkam und Catania überschüttet wurde, da wälzte sich der Strom aus 800 Metern abwärts; der letzte Ausbruch, 1971, zerstörte das Observatorium und die oberen Stützen der Seilbahn, die Lavamasse strömte zehn Meter dick und mit 1000 Grad Hitze zu Tal.

Die Straße führt asphaltiert bis 1881 Meter hinauf, dann steigt die Seilbahn auf 1958 Meter, unter die letzten Gipfel, bis 2900 Meter, fährt der Bus. Der Bus steigt ächzend durch das schwarze Mondland. Oben herrschte Windstille. Wir waren gewarnt: es gibt dort Stürme bis 150 Stundenkilometer, Nebel, Kälte und Wolkendunst, Staubanwürfe bis zur Unerträglichkeit, ätzenden Gestank. Nichts davon heute. Windstille. Sonne. Die noch lautlosen weißen Wolken aus den Kratern, kleine arglose Nebelwölkchen da und dort; später, ganz oben, aus den Kratern der eigentümliche Lärm, ein schlurfendes Grollen, metallische Schläge, grummeln und murren, plötzlich ein Blick ins Innere frei, in die hochschleudernde Glut, in dieses kochende rote Gebrodel voll absurder Intensität, welch ein ganz unmetaphysischer Naturalismus, ein irdisch-unterirdischer Kraftakt ohne Bedeutung, keine Allegorie, kein Gleichnis, keine Metapher, eine leere, donnernde, lodernde Realität, fast blödsinnig in ihrem glucksenden Aufwand, der nichts aussagen mag, der ist, was er ist, eine bis auf die Knochen erschreckende Sonderveranstaltung der Natur in 3300 Metern Höhe über Sizilien.

Das nun drunten ringsum anfängt und sich bis zum Horizont unter der Sonne erstreckt, ein Land von der Größe Hessens oder Belgiens oder Israels, fast nur bergig, nach Norden zu meist in Steilküsten abfallend, nur der Süden hat größere Ebenen, Trinakria, Heimat von 5 Millionen Sizilianern, hierhin floh Dädalos in mythischer Zeit vor Minos, hier wanderte Herakles, zurückkehrend von einer seiner Reinigungstaten, bei Lentini drüben wohnten die Laistrygonen, da, bei Mylai, weideten die heiligen Rinder des Helios, nach Homer war die Insel der Sonne geweiht, aber hat sie sich nicht ganz der Magna Mater ergeben? in Erix feierten sie ihre Mysterien, der Magna Mater und den dunklen, chthonischen Gottheiten, Pluto, Persephone, und überall die Gräberstätten, dort in Pantalica Tausende von Erdlöchern, die Nekropolen der Sikeler. Beten wir auch diesen anderen Rosenkranz herunter, die klingenden, vieles sagenden Namen der Völkerschaften, denen Sizilien Nährmutter war: Kyklopen also und Laistrygonen in mythischer Zeit, dann die Iberer und Sikaner der Frühgeschichte, aus Kleinasien kamen die Ilymer, aus Italien wohl die Sikeler, die Höhlenbauer, es landeten Phönizier und gründeten Handelskontore, es landeten die Hellenen und bauten ihre Städte, es kamen Karthager und Römer, Franken und Ostgoten, Byzanz herrschte hier, und die Araber schufen ihre Paradiesgärten, Normannen und Hohenstaufer brachten ringsum die Insel zum Blühen, Sizilien war spanische Provinz und, nach Garibaldis Sieg, Königreich, heute regiert in Palermo das Regionalparlament.

Insel der hohen Städte mit ihren Geheimnissen: Enna, Caltagirone, Palazzolo, Acreidi, Ragusa und im Osten, über Trapani wie im Flug erstarrt: Erice. Im Norden aber, am Meer, unter seinem zyklopischen Felsen, liegt das Fischerstädtchen Cefalù, allein schon eine Pilgerfahrt wert. Trinakria, Inselheimat des Empedokles, hier, auf dem Ätna, soll er in die Glut gesprungen sein, um sich so mit der Natur zu vereinigen, eine befremdliche Anekdote, trotz Hölderlin, sicher von seinen Feinden ersonnen, denen die Gottähnlichkeit des Philosophen ins Auge stach, des erfolgreichen Politikers und Redners, des Arztes, Sühnepriesters und Magiers, Empedokles, der ein Wanderleben führte, der heilen wollte, Ordnung schaffen, Streit schlichten, ein Verfechter der Mitte zwischen den Extremen: das statisch gesehene Sein der eleatischen Philosophenschule suchte er mit dem Dynamismus des Heraklit zu verbinden, so verkündete er und entwickelte eine komplizierte Lehre der Mischungsverhältnisse und Mischungszustände, eh er, im Exil wohl, im Peloponnes starb, Empedokles, drüben

von Akragas, das heute Agrigent heißt, er ist ein hohes Exempel für das geistige Leben auf der Insel während der hellenischen Epoche.
Dem Niedergang der Griechenstädte folgte der Niedergang Siziliens, die Insel litt nun als Ausbeutungsobjekt der Römer – einer der herausragenden Zeugnisse ihrer Wirksamkeit auf Sizilien ist jener merkwürdige Bau bei Piazza Armerina, in einem der idyllischsten, fruchtbarsten, üppigsten Täler gelegen, ein vielräumiges Anwesen, heute unter Plexiglas geschützt wie ein überdimensionales Gewächshaus, darunter schreitet man nun von Zimmer zu Zimmer, von Trakt zu Trakt, um jene mehr ruhmvollen als künstlerisch reizenden, mehr motivreichen als stilistisch gelungenen Mosaikdarstellungen anzuschauen, artistisch doch erschreckend grob geraten, brutale, ungeistige, ein bißchen törichte Mädchengesichter, hohle Bikinitypen, grobschlächtig-amerikanisch, aber man scheint das nun einmal über alles zu lieben.
Die Römer bescherten der Insel keine festliche Zeit, das taten, Jahrhunderte später, die Normannen, das tat vor allem der rätselvolle Friedrich II., deutscher König, römischer Kaiser, bei Ancona geboren, aber ein Sizilianer durch Wunsch, Energie, Neigung; er baute, zäh, intrigant, Sizilien zur machtvollen Erbdynastie aus, zu einer Art modernem Beamtenstaat mit wohlgeordneter Verwaltungshierarchie. Friedrich war ein Poet auf dem Thron, er inaugurierte jene sizilianische Dichterschule, wo man zum Beispiel das Sonett als neue Form für die Poesie erfand, Friedrich war ein Dichter und ein Staatsmann, ein Grübler und ein Täter, er liebte den philosophischen Disput und die theologische Erörterung, er war genial und ohne Skrupel, demütig und hoffärtig, mißtrauisch und freigebig, tolerant, ein Beschützer der Juden und der Araber und ein Verkünder härtester Ketzeredikte, er soll Moses, Christus und Mo-

hammed »die drei größten Betrüger der Menschheit« genannt haben; vielleicht war das eine papistische Verleumdung; zweimal tat ihn der Papst in Bann, Friedrich war als »Antichrist« verschrieen und als »stupor mundi«, als Staunen der Welt angegafft, er forderte ganz orientalisch den Kniefall und diskutierte als aufgeklärter Monarch in zahlreichen Sprachen – bei Ancona geboren, Friedrich der Staufer, eine höchst sizilianische Erscheinung.

Nach ihm kannte Sizilien keine gleich leuchtenden und erleuchtenden Höhepunkte mehr. Heute scheint die Insel unentschlossen am Rande Europas dahinzuvegetieren, immer noch unter der Knute der Mafia, immer noch Brutstatt allfältiger Korruption, immer noch tief verstrickt in den schrecklichsten Aberglauben, geschüttelt von Haß, gedemütigt von Armut, niedergehalten vom Fatalismus, es ist bei uns nun einmal, wie es ist, und überall die Flammen einer selbstmörderischen Egozentrik. Was könnte da helfen, was kann man tun, wer wäre fähig, die Wende herbeizuführen, was schürft, was schneidet so tief hinunter in die Geschichte der Psyche, in die Schluchten des kollektiven und des privaten Unbewußten?

Danilo Dolci stammt aus Triest, er war Architekt. 1952 kam er nach Sizilien, sah die Not und blieb dort. In einem der Mafianester, in Partiníco, ließ er sich nieder, da errichtete er sein Institut. Dolci analysierte das Elend und schrieb die »Protokolle des Elends«, Spiegel der westsizilianischen Misere, Anklagen wider die Seuche der Mafia. Er legte Dokumente, Lebensberichte, Tatsachen vor. Er gab Beispiele der Gewaltlosigkeit inmitten des Banditenterrors. Er zog unter die Ärmsten, sorgte sich um deren Kinder, um deren medizinische Betreuung. Mit Hungerstreiks machte er Palermo und Rom aufmerksam. Danilo Dolci ist Urchrist. Er will unten beginnen, er möchte von unten her aufbrechen, gewaltlos stellt er sich gegen Gewalt. Danilo Dolci,

Hoffnung der Armen, von den Mafiosi gehaßt, halb Ghandi, halb Albert Schweitzer, berühmter Autor des Buches »Umfrage in Palermo«, alleingelassen schließlich von Kirche und Staat, ein sanfter, zäher, konkreter Idealist – hat Sizilien seinen Arzt gefunden, kann ein Arzt Sizilien heilen, gibt es denn wirklich etwas, das Sizilien heilen kann?

Die innere Mani

Griechenland nach sieben Jahren

Es ist einer der befremdlichsten Landstriche Europas, ein lange fast verschollenes Stück Hellas, selbst in der extremen griechischen Szenerie ein erstaunliches Extrem: die Landschaft Mani, auch Maina genannt, deren Eigentliches und Innerstes jenes Schlußstück des mittleren Fingers bildet, mit dem der Peloponnes am südlichsten endet, um die 90 Kilometer von Kalamata entfernt, da beginnt sie, die innere, die tiefe Mani, bei dem Städtchen Aeropolis, Ares-Stadt, einstmals eine blutige Gegend, da beginnt dieser ausgemergelte Distrikt, von den Ausläufern des Taygetos abgeschlossen, beschützt und bedroht, diese rippendürren Gebirgskörper heißen Kakovoúnia, die »bösen Berge«, oder auch Kakovoúlia, »Land der bösen Ratschläge«, das endet schmal und düster am Kap Matapan, von den Alten Kap Tänaron genannt, Schrecken der Seeleute seit eh und jeh, dort, in den Schlund, in den Eingang zur Unterwelt abwärts stieg Herakles und besiegte den Hadeshund Cerberos – zwischen Aeropolis und Kap Matapan, 30, 35 Kilometer lang, 8 bis 11 Kilometer breit, vom auslaufenden Taygetos durchzogen, der hier eine Höhe von etwa 1300 Metern erreicht, Land der Manioten, einer der befremdlichsten Landstriche Europas, die innere Mani, im Sommer gänzlich von Helios beherrscht, den die neuen Griechen Ilios nennen.

Ilios – im Sommer regiert er hier absolut, ein außermenschlicher Herrscher, permanent im Zorn, als wäre er noch nicht zum segnenden Gott geworden, trommelt er wie mit bloßen Fäusten gnadenlos seine Landschaft, ein Tier im hellen Irrsinn, wenn der Mittag, die weiße Geisterstunde, in Raserei fällt und überall alles entzündet, wenn die weißen Dämonen umgehn, schließe das Haus, schütze die Wiege, schau nach dem Vieh, Ilios regiert absolut, ein blindwütender Tyrann, lautlos dröhnen seine Schläge auf den Köpfen dieser Landschaft, die unter ihm zittert, ein in der Hitze grinsend versteinerter Schmerz, Totenköpfe die zahllosen Steine, ein Distrikt, wie zum wüsten Tanzplatz hergerichtet für den Sonnenstier in Raserei, die Hänge hoch jagt er die Hitze, brüllend ohne Laut, keine Regung sonst, kein Hauch, und die Hänge brüllen wider, diese bösen, kahlen, leblosen Hänge, selbst für den Maquis zu kahl, zu karg, zu leblos, nur Fels, nur das verrufene nackte Gestein, kein Tier, keine menschliche Spur, allein Ilios, urtümlicher Sonnengott, und das Gestein, lautlos im Dröhnen.

Mutter Erde – hier zeigt sie den Körper gänzlich ausgemergelt, bis auf die Knochen grau. Aber es atmen doch ein paar Ölbäume zwischen den Felsbrocken: ein uralter, absurder, über sich selbst gekrümmter Lebenswille. Und es dehnen sich schütter ein paar Getreideparzellen, schwer umkämpfte, steinige Bastionen gegen den Hunger. Und es wachsen um die Häuser mit geiler, fremder Fruchtbarkeit die indischen Feigenbäume. Überall aber in der sonnengequälten Kargheit stehen sie da, wie hohe Erscheinungen, die Türme, die diese Landschaft neben der Sonne regieren.

Wir wandern durch Griechenlands befremdlichste Landschaft, die innere Mani. Ihre Kargheit, ihr Verlassensein, die hohe und bestürzende Narretei ihrer mittelalterlichen Geschichte erinnert an kretische Dimensionen, an kretische Narreteien und Extreme: wie dort die Leute in der Sphakia kannten auch die Manioten jahrhundertelang keine feindliche Besetzung. Die Römer, die prunksüchtigen, liederverliebten Ritter aus dem Norden, die Türken in ihrer tückischen Faulheit, sie alle blieben draußen vor den Felssperren und Gesteinstoren. Der Taygetos und seine erschreckenden Ausläufer bewachten diese rätselvolle, bedrückende, kaum noch menschliche Landschaft. Erst vor ein paar Jahren brachen die modernen Berserker hier ein, nun führt eine Straße in diese felsenbesetzte Isolation.

Die Isolation kochte Kolosse und Extremitäten aus. Denn war es nicht kolossal und extrem, wenn sich die Menschen dieser Gegend, eingepfercht durch Schicksal und Herkunft, wenn sie sich aufs wütendste und entschiedenste gegeneinander verschanzten. Kräftige, viereckige, kahle Türme errichteten sie, um ihren Besitz zu sichern, um des Nachbarn, des Konkurrenten Besitz zu vernichten. Nun liegen die Dörfer da in der Ebene, tierhaft verkrallt, mit »Igeln von Türmen« bewehrt, zehn, zwölf, zwanzig dieser ragenden Steingestalten bewachen nun den Schlaf dieser Ortschaften, in denen kaum noch jemand existiert.

Ist so der Mensch? Wenn ihm draußen die Feinde fehlen, richtet er den Haß gegen sich und die Seinen. Denn waren sie nicht allesamt ausgesetzt und verschworen in der Nacktheit des Terrains, hätte sie nicht die Not verbrüdern, die Vernunft verbünden müssen? Doch verschanzten sie sich derart kompetent und aufwendig gegeneinander. Jedes Geschlecht besaß solch einen Turm. Die alten Geschlechternamen haben unter Kennern heute noch hohen Klang. Fühlte sich einer unter ihnen beleidigt, bedroht, in seinem Besitz betroffen, dann erklärte das beleidigte Geschlecht dem Beleidiger feierlich und förmlich den Krieg. Man bezog seinen Turm, in dem Pulver und Blei lagerten, Zwieback, Wein und Früchte, das Nötige für eine lange Belagerung. Die Gewehre stießen aus den Schießscharten, oben auf der Turmhöhe lagen die Steine für den Abwurf bereit, da standen später die Kanonen zum Abschuß. Solch ein Krieg konnte Jahre dauern. Vom Priester gesegnet, sprachen die Waffen, gab es die List und alle Spielarten absurder Grausamkeit. Und es gab Regeln für das tödliche Spiel. Während der Erntezeit, wenn die Toten zu begraben waren, wenn geheiratet wurde, herrschte strenge Waffenruhe. Es gab Parlamentäre und Neutrale, meistens wurde ihr Status respektiert. Sonst aber dröhnten die Tage wider von den Mordapparaten, hallten die Nächte wider vom irrwitzigen und doch lebensnotwendigen Ehrgeiz, den höchsten Turm ringsum zu besitzen, also im Schutze der Dunkelheit Stein auf Stein zu heben, um auf den Feind herabschauen, um den feindlichen Bau zerstören zu können. Es ging wie stets in dem alten Wahnspiel um Prestige und Besitz. Die herrschaftlichen Familien, die in den Kriegen obsiegt hatten, besaßen Unterworfene, die sich nicht so hoch zu arbeiten vermochten, die unterlegen waren, sie dienten nun den herrschenden Familien als Heloten, auch »Esel« genannt. Ihnen war es untersagt, Türme zu errichten, doch besaßen sie, als Verteidiger ihrer Besitzer, eigene Waffen. Es ging also um Prestige und Besitz. Prestige – was mochte das hier wohl sein – aber je abgeschlossener die Abseitigkeit, desto empfindlicher reagieren Stolz, Eitelkeit und vor allem wohl auch die Angst, vielfach und sonderbar verdrängt oder ritualisiert. Prestige also. Die Ehre dessen, der zuerst gegrüßt wird, der das Sagen hat, nicht bloß abends im Kafeneíon am Platz. Und der Besitz – da ging es wohl um ein steineübersätes Getreidefeld, es ging um einen Ölbaumhang voller Fels und Kahlheit, es ging um das Ausmaß der Beute nach einem Piratenzug. Denn Piraten, das waren sie allemal und zuallererst. Gegen die Abgeschlossenheit der Region stand die meerische Freiheit als strahlender Gegensatz. Prestige und Besitz. So intensiv, so über die Maßen, so ausschließlich beherrschte der närrische Krieg diese Landschaft und ihre Menschen unter der brutalen Herrschaft des Ilios, daß man die Knaben »Gewehre« nannte – »sie hat wieder ein Gewehr geboren, Gott sei Dank, nicht bloß ein Mädchen«.

Welche Menschen mochten das wohl sein, die sich Nyklier nannten oder die man so hieß, die hier in der inneren Mani herrschten vom 14. bis ins späte 19. Jahrhundert. Hatten sie wohl recht, wenn sie sich als Abkömmlinge der Spartaner fühlten – jener Spartaner also, die doch auch ein solch grausam-skurriles Gewaltregime aufgerichtet und durch die Jahrhunderte am grauen Leben erhalten hatten –, waren die Nyklier mit ihren markigen Türmen am Ende Spartaner, geflohen vor den Slavenmassen hierher in den äußersten, in den extremen Süden des Peloponnes hinter den lange allmächtigen Sperrwall, den sie einst zu beherrschen wußten, den Taygetos? Oder waren diese Nyklier kaiserlicher oder adelig-byzantinischer Herkunft, wie sie sich auch rühmten? Gab es verwandtschaftliche Beziehungen hinüber zum extremen Kreta oder zu den barbarisch-rauhen Gefilden von Epiros? Welche fatalen Flüchtlingszüge hatten hier ihr fatales Ende gefunden?

Ein ragendes Mißgebilde menschlichen Ehrgeizes, menschlichen Machthungers, menschlicher Schläue und Zähigkeit, menschlichen Überlebenswillens in einem Zeitalter voll ragender, frommer, absurder Mißgebilde menschlichen Irrens, und hier nun in dieser von Sonne durchtosten Landschaft, die im Winter Boreas heimsucht, König der Winde, »Wellenzerstäuber«, »er weht durch dich hindurch«. Und dann bricht Regen ein, auch er gnadenlos, wütend, sintflutschwer, ein extremer Regen, wie hier alles gnadenlos, wütend und extrem zu erscheinen vermag, und dieser Regen reißt mit, was nicht fest wuchs, die arme Krume, an der das Leben hängt, reißt mit und wäscht herunter unwiederbringlich, was sich hoch im Hang eben noch halten mochte, daß es lebte, Verkrüppeltes, Verkralltes, das die letzte Katastrophe übrigließ. Am Ende aber siegen die Steine. »Möchten Sie nicht ein paar Steine kaufen, wir haben genug davon«, sagen die Einheimischen resigniert und in Bitterkeit.

Es gibt hier kaum Poesie und wenig Lieder. Wo die übrigen Griechen singen und tanzen – und welches Volk tanzte und sänge häufiger – da stimmen die Manioten ihre Klagen an. Die Poesie dieser Landschaft zelebrieren die Klageweiber. Ich sah sie, den Krähen gleich, schwarz, hakennasig, den spitzen Blick streng nach außen gerichtet, durchaus kein innerliches Gesicht, ein hiesiges, zu kämpfen und zu dulden bereit, so sah ich sie hocken an dem frischen Grab, so hörte ich ihr Gejaule, ihre schrecklichen spitzen Schreie, ihre schrille Monotonie, sah, wie sie sich ihre Brüste schlugen, vernahm ihre uralten Klagegesänge, auf deren wirkungsvollen Vortrag sie stolz sind, die sie von Mutter und Urmutter gelernt haben, die schwarzen Klagefrauen, die Krähen, die soviel Elend sahen, soviel grausames und törichtes Elend, und am Ende kommt der elende Tod, der doch so natürlich ist wie gebären, die schwarzen Mütter, deren einziger hoher Ruhm ist, klagen zu können, lange, düstere, schreckenvolle und jammerreiche, aber auch lobspendende, rühmende Klagelieder zu zelebrieren mit dem ganzen kostbaren und kunstvollen Ritual des Klagens – zu klagen und Gewehre zu gebären, das ist ihr einziger Ruhm.

Ein solches Gewehr, ein junger blasser Mann saß neben dem frischen Grab auf einem alten Stein, und der junge Mann weinte bitterlich. Der Kontrast zwischen dem ungehemmten Tränenfluß und dem stellvertretenden, artefiziellen und hochtraditionellen Klageritual ließ mich wie im Blitz den Urgrund solcher Rituale sehen, ihre geheime und ihre offene Legitimität, ihre urgründige, tiefenpsychologische und ihre gesellschaftliche Funktion, ihr transrationales Sinn-Geben und Trost-Spenden jenseits allen Fragens nach Sinn und Trost.

Man sagt, sie glaubten hier in der Mani nicht an ein persönliches Leben nach dem Tode. Immer noch ist es Charon, der sie holt, Charon, vom Fergen nun zum Totengott aufgestiegen, Charon kommt, und das süße Leben, das verfluchte, ist dahin. Sie glauben wohl in ganz Griechenland nicht so recht an das Jenseits der Theologen; denn die Griechen, gewöhnt daran, eine Sache zu berühren, erzogen von dieser herrlichen und oft schmerzhaften Konkretheit rings um sie her, von einem immer nahen Dasein der Dinge, auch der höchsten Dinge, ohne alle nebelhaften Zwischennuancen, gleichsam in ihrem nackten Sein, die Griechen, wenn sie ehrlich sind, wissen nichts von der Metaphysik, die doch einer von ihnen erfand.

Charon, der Totengott – hätte nicht jener andere, der aus Galiläa, Totengott werden sollen, »erlöse uns vom Tod«, beten sie hier, und »herabgestiegen in den Hades«, dort habe er, sagen sie hier, die Menschen, aber auch Tiere und Pflanzen vom Tode erlöst, nicht von dem Übel, nicht von der Sünde – hätte er nicht Totengott werden sollen, sieht man es ihm nicht an, wie er dort oben von der Kuppel herabschaut, Pantokrator, ein Totengott als All-Herrscher. Weshalb bin ich hier? Welcher Geist trieb mich vom heiteren, fruchtbaren, vom lachenden Messenien hierher hinter die knochendürren Berge, was trieb mich, meine Todesfurcht dieser Landschaft auszusetzen, diesem nackten, gleichgültigen, fruchtlosen Terrain, grau bis in den Kern, und als gäbe es überall hinter den geilen indischen Feigenbäumen lauter nackte Gräber im Halbschlaf? Und ein paar alte Weiber flattern wie arme Seelen durch die gnadenlose Hitze ihrer Gäßchen, schwarze Überlebensgeister, die die Zähne blecken, wenn irgendwer ihnen über den Weg läuft, die lächeln, die anlächeln. Und sonntags hocken sie in ihrem Kirchlein, das aussieht, als wäre es von selbst aus der Haut dieser Landschaft gewachsen wie eine stachellose Kaktusfrucht, nur grau, ganz und gar grau, als wüchsen und gediehen hier solche Steinwesen; sonntags also sitzen die Flatterweiblein in ihren Kirchen, an deren Wänden die schönen todtraurigen Heiligen immer blasser werden und wie vom Teufel angefressen, Falte um Falte; dann aber

öffnet der hagere blasse schwarze Pappas seinen Mund, und die Stimme erhebt sich hoch in die uralte Ärmlichkeit, und es ist, als flögen lauter kleine goldene Sirenen auf, faßten sich an den goldenen Locken und tanzten die goldenen Tänze; und droben, am nahen Firmament dieses steinernen Kosmos, droben öffnet er seine Augen, der Chrestós, die mich wieder in Angst setzen, gar so durchdringend, gar so allbeherrschend, gar so dem Charon ähnlich, Kyrie eleison, Kyrie eleison, Kyrie eleison. Und später summen die Klageweiblein wieder durch ihre Gäßchen zurück, flattern neben den Gräbern, in denen sie zu nisten scheinen, traurig, daß nur noch so wenige sterben, weil die wenigen Mütter nur noch so wenige Gewehre gebären, weil die wenigen Gewehre endlich schweigen.
Weshalb bin ich hergekommen, warum bin ich hier in diesem griechischen Extrem? Es ist wie stets in Hellas, nur noch intensiver. Die Landschaft spricht nicht, wenn ich nicht frage. Die Landschaft läßt mich sein. Die Landschaft ist sich selbst genug. Das wirft mich auf mich selbst zurück. Das provoziert meinen Lebenswillen. Das schärft meine Sinne, nachdem es sie angeregt hat. Als drängte sich nun alle Innerlichkeit, dies dunkle deutsche Tier, nach außen. Als käme ich endlich an die Oberfläche. Als säße nun meine Seele in der Haut. Hier ist kein Weltinnenraum. Hier ist alles hiesig, nicht mehr erlösungsbedürftig oder jenseits davon oder dem voraus, hier ist alles da, Seele, Götter und Tod, grausam hiesig, aber vorhanden, unabweisbar existent. Ist es etwa das? Komme ich darum her, süchtig, hungrig, mit dem nur für Sekunden stillbaren Durst?
Weshalb also? Weshalb immer nur diese Gelände? Hellas, hell-dunkel, rätselhafter Kosmos aus komplizierter Gastfreundschaft und hochragender Gleichgültigkeit, aus einem reinen, heiter-dunklen Dschungel aus Mythen und Geschichte, und aus einem komisch-fatalen Dschungel aus

Aberglauben, der die kranken Seelen nährt, die einsamen Seelen neben den Gräbern; dieser rätselhaft hell-dunkle Kosmos aus erzählenden Landschaften, aus Bergen und Talschluchten, permanent mit sich selbst im Gespräch, die ihre konkreten und bedeutungsbeladenen Dinge mit jener stets aufs neue verblüffenden Sachlichkeit präsentieren, als wären sie frei wie Götter. Weshalb dies eindeutig-doppelgesichtige Land, klar bis zum Schmerz, und in all seiner Klarheit vielsagend. Weshalb stets aufs neue Griechenland, das mir die Schwärmer, das mir die »Ultras des Schönen« vergällen möchten, das mir die Spalter und Worteklauber mit lauter schrecklich laut gedachten Gespinsten zuhängen wollen, das mir die Fanatiker des Abstraktionstriebs ins Unfaßliche hinweg und empor und heraus zu disputieren versuchen, das mir die uniformierten Mörder vergifteten, sieben Jahre lang.

Ist es nicht auch ganz einfach? Ist es nicht das Tier, das zur Krippe läuft, weil es Hunger hat? Wie groß, wie reißend kann solch ein Hunger werden, ein böser, bitterer, bis ins Mark schneidender Hunger, in sieben bösen, bitteren, ins Mark schneidenden Jahren der Abwesenheit, der Gerüchte, der lähmenden Gewißheiten gewachsen. Machtlos gegenüber den Mördern, den Folterern, während die Schreie hertönten. So also ferngehalten von der einfachen Nahrung dieses Landes, wuchs der Ekel, wuchs die Kälte, wuchs die Leere rings umher.

Die hellenische Szenerie als Medizin wider den Ekel, wider die Auskühlung, wider die Leere. Den Ekel heilen die Menschen hier, wenigstens auf Zeit, mit ihrer unsentimental drastischen, abergläubischen und gewalttätigen Gastfreundschaft, die sich selbst und den Gastgeber meint, wie sie den Gastfreund ehrt, die beide und vieles einschließt in den umständlichen, ritualisierten und auch wieder ganz arglosen Glückwunsch. Der Gast bringt Welt zur eigenen

Welt, der Gast bringt ein Fest, der Gast bestätigt in Freundlichkeit die eigene Bedeutung; der Dienst am Gast ist Gottesdienst, ist komfortables Zeremoniell, auch in der äußersten Reduzierung noch erkennbar, ist eine Pause im Alltag, die Freude beschert, die Wärme spendet, die den Segen herabruft. Die den Ekel heilt, wenigstens auf Zeit, und die Todesfurcht; die die Leere überglänzt mit einfachem Zauber.

Auch in ihren Kirchen darf ich zu Gast sein. Hier knien sie nicht orientalisch, wie in den westlichen Bethäusern, sie werfen sich nicht zu Boden vor ihrem Gott. Hier gehen sie aufrecht, hier sitzen sie wie bei sich zu Hause, wenn ein Fest gefeiert wird, hier reden sie halblaut miteinander. Den Dienst vor ihrem Gott, der wohl doch nicht so eisige Distanz und dumpfe Langeweile mit lähmendem Schuldgefühl um sich verbreitet wie der im Norden, den Gottesdienst zelebrieren sie mit strenger Laxheit. Man vollzieht das komplizierte Ritual, man singt mit vielgerühmter Inbrunst, aber all das erscheint ohne Zwänge, ohne Uniformität, ohne die stirnrunzelnd-entschlossene Innerlichkeit, ohne in Sack und Asche abzusinken, auch nicht während der Fastenzeit, ohne bleichsüchtige Frömmelei. Dies scheinbar Äußerliche nimmt mich ein, es verstößt mich nicht, es läßt mich sein. Ich verliere von meiner Angst, die Kälte weicht, vergessen Höllenstrafen und ewige Verdammnis über der Feier dieser Gegenwart. Das Gesetz, jedenfalls beim Volksklerus, es dient nicht der Machtgier, nicht theologischer Rechthaberei, nicht egoistischer oder idealistischer Nötigung, das Gesetz, wie es sich da präsentiert, es ruht in seiner Geschichte, man achtet es, man dient ihm, weil es einfach da ist.

Das Gesetz, die Landschaften und ihre Geschichten, die Dinge und ihre Mythen – sie sind einfach da. Das trifft den Kern. Da zeigt sich mir, aufs magerste reduziert, aufs

abstrakteste komprimiert, eine der einfachen Lehren dieses Landes: bedenke, das es ist. Aber was ist das, was da ist? Welche Qualitäten hat dieses Sein?
Es ist da zum Beispiel ein Ding, ein Baum, etwas, das ich äußerlich bemessen kann, eine bestimmte Anordnung von Atomen. Ich sitze in müßiger Freiheit dieser bestimmten Anordnung gegenüber, die wir Baum nennen. So da sitzend, ohne allzuviel Vorurteil, in heitere Betrachtung aufgewacht, erscheint mir plötzlich dieser Baum dort wie eine Antwort auf eine Frage, die mein Bewußtsein gar nicht gestellt hat. Es ist, als hätte ich, mit meinem ganzen Körper, mit all meinen Sinnen, diese Antwort erwartet, eine Antwort, die mir dieser Baum, indem er ist, erteilt, plötzlich, in einem Nu, im grenzenlosen Augenblick. Eine Projektion aus dem Unbewußten? Oder fragt da ein anderer durch mich und ohne mein bewußtes Zutun? Mag sein, mag nicht sein. Das sind Worte. Der Zustand aber lebt von etwas jenseits der Verbalität. Manès Sperber hat den Zustand beschrieben:

»Einsam bestieg ich Berge und zog durch spärlich bewohnte Täler. Endlich hörte ich keine Worte mehr, sprach sie nicht, dachte sie nicht oder nur als ganz kurze Unterbrechungen der Stille, als winzige Wüsten in der Oase der Wortlosigkeit. Der Anblick der in Farben und Umrissen sooft verwandelten Landschaft nahm mich völlig gefangen; ich betrachtete sie gedankenlos, ohne das Bedürfnis, ohne den Wunsch, die Eindrücke zu formen. Meine Sehgier fand unaufhörlich Befriedigung, doch anders als jene, die ihr Straßenpassanten oder Museen boten. Ich stand der Landschaft nicht gegenüber, sondern war in ihr; sie und ich, wir atmeten in gleichen, gleichmäßigen Zügen. Wie man gespannt und fast atemlos lauschend ›ganz Ohr‹ sein kann, so war ich während jener Sommertage ›ganz Auge‹. Ich erfuhr, daß es für mich eine Zuflucht im Raume gibt – ähnlich der Flucht nach vorn in der Zeit ... In der äußersten Einsamkeit und Stille wurde mir der zeitlos gewordene Raum zur Rettungsinsel.«

Landschaft und ich atmen in gleichen, gleichmäßigen Zügen – ich war »ganz Auge« – der zeitlos gewordene Raum: dem gegenüber blieb Sperber, nach eigenem Bekenntnis, ganz frei von »heidnischen Vorstellungen«, von Mythen und Symbolen; »die Dinge der Natur ... ihr Sein allein« befriedigte ihn. Das betraf ihn, wohl in einer nördlichen, in einer schweigsamen Landschaft. Mir aber, hier in Hellas, mochte solche Askese nicht gelingen, wenn ich sie je gesucht hätte. Nach der seligen Wortlosigkeit des Augenblicks, nach Einsamkeit und Stille öffnete sich der Raum wieder, und die Zeit drang ein, die alte Zeit. Etwas war da geschehen, plötzlich, blitzschnell, in einem einzigen, satten, randvollen Augenblick. Aber was geschah? Man müßte eine Geschichte erzählen. Die Antwort, die mir der Baum auf eine vielleicht unstellbare Frage erteilt hatte, im raschen, zeitlosen Augenblick, man müßte sie fassen können in einer langen, satten, randvollen Geschichte. In einer jener Geschichten, die von vieldeutigen Dingen sehr einfach berichten.

Damit, zum wievielten Mal, und stets neu, erscheinen sie, die Mythen, sie und ihr Ärgernis, sie und ihr unübersichtlicher Reichtum, sie und ihre unfaßliche Wirklichkeit, die die Entmythologen herauszudestillieren suchen. Aber das Ärgernis läßt sich nicht beseitigen, gewiß nicht gewaltsam, denn es reicht bis in die Wurzeln. Die Mythen und ihre unerschöpfliche Wirklichkeit sind älter als wir, vom einzelnen stammen sie nicht ab, sie reichen ins Kollektive zurück, sie führen abwärts ins Archetypische. Das Mythische, sagen die Psychologen, verhält sich zum einzelnen

wie das Unbewußte zum Ich und zu seinem Bewußtsein. Das Ich aber findet sich in einem schlimmen Dilemma: es sehnt sich zurück, es will wieder Kind sein, es möchte in den Mutterschoß, es möchte in seine Ursprünge zurückfließen. Zugleich aber kämpft das Ich um seinen Bestand, es will bei sich selbst bleiben, es muß seine Haut verteidigen, es muß seine Grenzen dichthalten, es muß seine Einmaligkeit befestigen.
Die Mythen reichen mit unendlichen Tierarmen lianenhaft und verführerisch aus der Vorzeit herauf ins kalte Licht. Das Ich, sehnsüchtig nach Wärme, nach Aufgabe der Vereinzelung, das Ich gäbe sich selbst preis, wenn es sich in die Kindheit zurück, wenn es sich ins Mythische verlöre. Ohne die mythischen Feuer aber, auf seiner einsamen Bahn, mit dem immer schärferen, immer freieren Bewußtsein, droht sich das Ich in der allhaften Kälte zu isolieren. Mutterschößliche Wärme oder die unendliche Kälte des erstarrten Anblicks: welch eine Alternative, die Situation ist tragisch, ganz so wie die Alten die Tragik verstanden haben: wenn ich der einen Mächtigkeit diene, bringe ich die andere Macht gegen mich auf: Mythos gegen Bewußtsein, Ideologie gegen Aufklärung, Seele gegen Mathematik – offenbar eine tragische Position.
Wir halten da in großer Fragwürdigkeit einmal den saugenden Blick in die Schlünde des Unbewußten, in die unabsehbaren Regionen des Mythischen, die mir Heimat suggerieren. Davon entfernte sich der späte Freiheitsdrang mühsam genug. Mühsam genug wand sich der Weg der Aufklärung aus den Abgründen des Aberglaubens, der die Mythen banalisierte, ins helle Reich kühler, überschaubarer, zweifelloser Rationalität. Doch es droht die Luftleere in diesem Reich. Die notwendige Aufklärung, der nachrechnende Verstand, die allgewaltige Rationalität führten an die Ränder des Leeren, ließen uns das Nichts schauen. Und

das Nichts, darin dem Chaos verwandt, es gebar neue Ungeheuer, neuen Aberglauben, neue, ungeheure Pseudomythen, neue, ungeheure Ideologien. Weil wir nicht zurückzugehen vermögen, weil wir den gefährlichen Blick rückwärts scheuen, weil wir offenbar immer nur eines tun können, entweder das eine oder das andere, nicht aber beides und sowohl als auch, deshalb schlagen wir uns schräg in die Büsche, schräge Vögel mit schräger Theologie, schräger Ideologie, schräger Lebenslehre, oder wir erstarren wie die Ultras des Nichts. Eine absurde Situation, die die Seele kalt macht.

Es ist Oktober, Oktober in Griechenland, in der inneren Mani. Die paar armen Seelen unter den übergroßen Türmen feierten den Geburtstag des hl. Demetrios. Dieser Heilige ist Statthalter oder ein ärmerer Nachkomme der Mutter Demeter, so wie die weißen Mahnmale auf den Bergen Griechenlands dem Propheten Elias heilig sind, dem Statthalter des Zeus oder des späteren Sonnengottes Apollon mit dem Strahlenwagen. Der hl. Demetrios beschert der Mani den »kleinen Sommer«. Zwischen den Höllenfeuern des großen Sommers und den Sintfluten des Winters senkt sich der kleine Sommer wie ein Hauch des Paradieses auf dies Land. Eine Woche, zehn, zwölf Tage lang glänzt die Bläue mild, sie droht nicht mehr, allmittäglich in schiere, böse, rasende Schwärze umzuschlagen. Ilios blickt in Freundlichkeit, nun ein segnender Gott, auf dies in all seiner zerschlagenen, abgehärmten Bitternis nun doch in Freundlichkeit zurücklächelnde Land; die Hänge der »Bösen Berge« zeigen sich versöhnt, als wüßten sie doch auch eine frohe Botschaft, gut für Menschen und Getier. Mutter Erde räkelt ihre alten Glieder fast schmerzlos und ein wenig lüstern – milde Herrschaft des kleinen Sommers in der inneren Mani. Ihre Gräber scheinen im Halbschlaf zu flüstern. Kam nicht Hermes aus der Höhe des Mittags,

der einzige der Olympischen, der sich hier auskennen dürfte: so viele Steine, so viele Grüfte, so viele düstere listige Geschichten und so viele Seelen zu führen; hier müßte er gern verweilen, der »vierkantige Hermes« – sind ihm etwa diese vierkantigen Türme geweiht, überdimensionale Hermen im Spätsommerlicht, und die Mani ist vielleicht ein Hermes-Land, des Hermes Chthonios, des vieles verstehenden, des tröstlichen Gefährten der Toten, des kundigen Hirtengottes, kundig in Verführung und Hilfe, des Gottes im Zwielicht, er könnte die Mani lieben, nun, da sie nicht mehr unter Ilios Hufen besiegt liegt, sondern gestillt vom kleinen Sommer.
Hermes, der Freund der Kinder, der Mittler zwischen Göttern und Menschen, obwohl ein Gott und voll Hoheit, doch auch nah, fast vertraut, fast Vertrauen weckend mit dem Stab: gibt es denn kein Bindendes, keine Brücke, nichts Denkbares und zu Fühlendes zwischen den Alternativen, zwischen Urwelt und Nichts, zwischen den schwer duftenden Zauberreichen, den alles übertäubenden Gärten der Mythen und der Leere, reingedacht vom isolierten Denken, eine mathematische Figur im All? Gibt es denn nicht mehr den dritten Ort?
Der dritte Ort – wie oft war er mir als Un-Ort erschienen, als riesenhafter, weltweiter Abladeplatz oder als hehres Gelände, als Anhöhe, vollgepflanzt, zugestellt mit erzenen Tafeln. Und auf diesen erzenen Tafeln steht: der dritte Ort, das ist Gott; der dritte Ort, das ist das Sein; der dritte Ort, das ist das Selbst. Doch was sagen mir diese steilen Verlautbarungen? Wie bringe ich sie zusammen mit dem, was ich erfahren habe, was ich zu denken vermag, was ich zu empfinden gezwungen bin? Da bleibt mir nicht viel Platz. Da kann ich bloß wählen zwischen der allgemeinen Aussage, die mich nicht betrifft, und zwischen dem privaten Bekenntnis, das wie alles Private peinlich wirkt, als ein

Glück oder ein Unglück oder ein Arrangement im stillen Winkel.

Trotzdem der Versuch, trotzdem confessio. Der dritte Ort – ist er mir nicht als Zeit-Raum erschienen, nicht als Terrain, das abzumessen wäre, nicht als Idee, die zu denken wäre, sondern als ein Vorgang, als ein Ereignis, als ein Augenblick. Jemand meinte, es sei »die magische Berührung von Ich und Umwelt«. Aber sind das nicht wiederum heikle Worte? was bedeutet hier Magie? Klingt das nicht zum Urmunkel und Urdunkel hin, wo mir doch alles ganz klar erschien? Die Berührung im Augenblick, war sie nicht hell, zweifellos, ein Aufblitzen? Ein Ereignis wie ein Kristall: ich vermag davon nichts herzuleiten, nicht ein Dogma, nicht Theologie, keine Moral. Doch war es, als hätten die Dinge nach dieser Berührung im Augenblick eine andere Qualität. Ich sah hin, und es betraf mich, etwas Bestimmtes hat mich auf sehr einfache Weise im Kern getroffen – das ist alles.

Das ist also die Pein des Privaten. Das ist der Verdacht, da raschelten blasse Phantasmata, halbfertige Erfindungen der Poesie, wortlose Empfindelei. Wäre es da nicht besser, die blutvolle Urigkeit der Mythen zurückzugewinnen? oder den überschaubaren, sauber gekehrten, allsonntäglichen Aberglauben? oder ganz einfach: bloß denken, wie einem der Schnabel gewachsen ist? »Die Wonnen der Gewöhnlichkeit«! Betroffensein im Augenblick – wie ist denn das überhaupt noch wahrzunehmen, welche Zeiten verdunkeln uns denn, welch giftige Nötigung: das attische Licht, Abgas über der Ebene, das frißt den Berg auf, frißt Propyläen und Tempel, frißt mit gierigem Appetit, schon darfst du den Parthenon nicht mehr betreten. Und Delphi? ach: »Hier sind Götter«, ach, hier sind die Busse, und hier sind die Fremdenführer, und es wuselt über alles hin, es zupft an allem herum, es kriecht über alles her. Warum auch nicht, warum denn auch nicht?

Es ist Mittag in der Mani, Oktobermittag, und es ist, als wäre Hermes vorbeigegangen, der Rinderdieb. Weshalb bin ich hier? Es tut wohl, Gast zu sein, die Sonne tut wohl, das Meer tut wohl. Und was sonst? Ich schaue über das türmestarrende Dorf in die Ebene hinunter: Fels, Oliven, mageres Getreiderevier, die Stille, mit sich selbst im Gespräch. Der Blick wird aufgefangen, Himmelsblau, Meerblau, Ebenengrau, sie saugen ihn nicht ab ins Unendliche, die Dinge fangen den Blick ein, die Dinge suchen ihn zu halten, suchen ihn ins Gespräch zu ziehn. Er mag da nicht ausweichen, weshalb sollte er ausweichen, weshalb ist er denn hier?

Um nicht auszuweichen, das ist es. Um sich nicht abzulenken, um sich nicht ablenken zu lassen. Um nicht in schiere Tätigkeit auszubrechen wie daheim. »Hast du die Sorge nicht gekannt.« Urmutter Sorge, böse, alte, gelbe Vettel, von der alles Übel kommt, von der all die Zwänge kommen, der Zwang anzunehmen, was sie die Wirklichkeit nennen. Und so treffe ich mein Arrangement. Mutter Sorge hilft. Mutter Sorge teilt die Krücken aus, ein bißchen theologisch, ein bißchen philosophisch, und viel Krisenmanagement. Mutter Sorge, widerliche gelbe Vettel, mit dieser widerlichen Wirklichkeit, die es nicht gibt, die es so einfach doch gar nicht gibt. Aber ich muß ihr glauben, immer muß ich glauben, je weniger ich sehe, je weniger meine Sinne wahrnehmen, desto schärfer zwingt sie mich zu glauben. Wie wäre denn Leben auch möglich, sagt Allmutter Sorge, die gelbe Vettel, wie wäre es denn möglich von Nihil bis Nihil, bis auf die Knochen grau, Hochhäuser vom Nadir bis zum Zenit aus nichts als Grau, graue Knochenberge von Horizont bis Horizont, ein Gräberstern, wie wäre da Leben noch möglich, »hast du die Sorge nicht gekannt«.

Es ist Mittag in der Mani. Keine der hohen Landschaften, keine Stätten für Götter, keine der feierlichen Mytholo-

geme, ein armseliges Gebiet, aber voll der griechischen Unerbittlichkeit, voll konkreter Neugier. Voll von diesem kostbaren griechischen Realismus: »Mach es dir behaglich, mein Kind, trink ein Kaffeechen, trink ein Wässerchen, hier hast du ein leckeres Zwiebelchen mit Brot. Da läßt sich leben, mein Junge. Ach, die Steine, laß die Steine. Du hast was in der linken Hand. Gut. In der rechten Hand hast du nichts. Schlecht. Aber wirfst du weg, was du in der linken Hand hast, weil du in der rechten nichts hast? Trink noch ein Kaffeechen, mein Junge. Mach's dir behaglich.«
Es war im Norden des Landes. Ich fuhr von der Grenze aus südlich. Die Ebene dehnte sich braun weithin, darüber lag ein diesiger Tag. Plötzlich diese Sekunde, die Epiphanie, wie eine Vision über den Nebeln der Olymp, seine obersten Gipfel. Oder draußen vor dem Café am Theseion bei der Agora in Athen. Es ist Frühjahr. Der Verkehr in Raserei. Es dröhnt, und es stinkt, stinkt an die ewigen Wellen, stinkt und explodiert hoch auf und besudelt den Felsklotz. Ich hatte ihn sieben Jahre lang nicht sehen können. Dieser über die Maßen gerühmte Klotz. In der Erinnerung schon ein schlimmes Klischee seiner selbst, überall betastbar, zu beflecken von jedem, vom Ekel umdröhnt. Und lag doch plötzlich und unerwartet da im Augenblick, eine mächtige Stille, eine hohe Offenbarung. Aber welche Offenbarung, Offenbarung von was? Ich weiß es nicht. Offenbarung ihrer selbst, nur ihrer selbst, nicht von Worten, die alle krank sind: Würde, Hoheit, göttliche Präsenz, lassen wir das. Aber die Sache selbst, aber der Augenblick, in dem sie aufschien, die Berührung war doch wirklich, hatte doch stattgefunden.

Das ist mein unwägbarer Besitz. Da aber kommen nun die Händler und die Wechsler, die sprechen allen Wert ab, die sprechen von Tageskursen und ewiger Währung, gib doch dein Sach an der Kasse ab, wir schenken dir etwas Herr-

liches dafür, etwas ganz Himmlisches, dann bist du endlich in der rechten Gesellschaft. Oder sie wollen dir ein neues Hirn verpassen, machen dir den Lernprozeß, Hirnaustausch, endlich funktionsfähig.
Ich bin im Besitz von etwas, das ich nicht preisgeben möchte, obwohl ich seinen Preis nicht kenne, obwohl ich darüber keine Beweise in Händen halte und obwohl mir schwerfällt, meinem Nächsten etwas davon mitzuteilen. »Griechenland«, schrieb Lawrence Durrell, »führt zur Entdekkung deiner selbst.« Auch das vielleicht schon wieder ein allzu großes Wort. Immerhin hat mir Griechenland etwas gegeben, das mir ohne dies Land nicht zuteil geworden wäre, etwas, das meine Situation verändert hat, bis in den Kern verändert hat, diese Situation gegenüber den offenen Gräbern, betroffen vom »metaphysischen Skandalon des Todes«, angeführt von einem Denken, das bloß noch sich selbst meint, befangen im selbstgesetzten System, eingespannt in die »Zeit der götterlosen Finsternis«, im elenden Pendelschlag zwischen Chaos und Nichts, zwischen der widerreligiösen Angst vor dem strafenden Gott und der Angst vor der Leere, zwischen der süßen, heimeligen Kinderverlockung alter Götterpoesie und dem stoischen Fatalismus, der langsam die Seele frißt, bedrängt, gefordert, verstört von den Extremen, von den immer neu aufgerissenen Gegensätzen: die »Hochzeit des Geistes« oder »das natürliche Leben«, wieder und wieder, Apollon oder Dionysos, und daneben hängen die Wände voller Plakate, lauter Wandsprüche, lauter biedere Lebenshelfer, einen Löffel von dem und einen Löffel von dem, und dann und wann die Sprüche der Weisen:
»Nichts im Überfluß – Erkenne dich selbst – Sei Herr deines Zorns – die Mitte ist das beste – bedenke das Ende –« und dazu die gallbittere Wahrheit der Poeten, gegen die ich mich auflehne, deren frommen Pessimismus ich nicht teilen mag:

»Eines ist der Menschen,
Eins der Götter Geschlecht; von einer einzigen Mutter entsprossen
Atmen wir beide. Aber uns trennt die gänzlich verschiedene
Macht, da das eine nichts ist.
Für das andere aber der eherne Himmel ein ewig dauernder Sitz bleibt . . .«

fing damit wohl schon unser Elend an: fern, im ehernen Himmel, die Göttlichen und hienieden, im Jammertal, das Nihil – da das eine Nichts ist, Pindar der erste Christ, nicht erst Platon? oder war es bloß eine poetische Schwermut? So also bis auf die Knochen allein gelassen von den Idealisten, von den Dogmatikern, von den kalten Bankiers der Wahrheit, allein gelassen und unter die Bedrohung gestellt, unter die ewige Verdammnis gestellt, so auf mich zurückgeworfen, bis an die Zähne voll mit Fragen, in diesem entsetzlichen Lärm, den die Toten machen himmelhoch und über die Erde abwärts, dem Lärm aus den Hirnwäschereien, dem Kampflärm Glaube gegen Glauben, auf mich geworfen und stets neu gegen die Wand gestoßen, auf der jener Satz steht, wo dieser eine, bestimmte, alles entscheidende Satz steht, den ich nicht zu entziffern vermag, und was flüstert da wohl hinter dem Vorhang, ich höre nicht recht, so auf mich allein gestellt, mit offenem Mund, aber mir fehlen die Worte, und stets im Sog, der aus dem Nichts kommt, stets in der Gefahr des Rückzugs aus allem, stets in der Versuchung zur unheiligen Innerlichkeit – da seh ich sie wieder, die Ultras des frommen Nichts, sie versammeln sich wieder, die Mystiker des Nihil, und an den Gräbern vorbei kommt ein Mann, einen Blinden führen sie herauf, Ödipus kommt zu ihnen, der sich im Wahnsinn seiner Schuld die Augen ausriß wie reife Äpfel, ein frommer blinder Mann, der nur noch in sich hinein sieht, der nur noch in den Abgrund sieht, ein blinder mit Namen Ödipus hält seine Predigt:

Geh aus mein Herz und suche nichts
abgeerntet die Augäpfel
zu Ende geführt der unendliche Treck
jetzt wölbt sich das All in mir
ich bewohne es ganz

geh aus mein Herz und suche nicht
wie mir das Nichts mundet
ich esse die Leere gern
ich trinke in vollen Zügen was nicht ist

wer Augen hat
den setzen sie aus
ein Fluch in Kindsgestalt

wer Augen hat
begegnet dem Tier
begegnet dem Tier das fragt

wer Augen hat
schlägt den Vater nieder
schändet die Mutter

geh aus mein Herz geh aus
nun ist es leer herinnen
ich kaue die Leere
ich kann mich nicht mehr entsinnen
ich bin ohne Schuld

unser Vater
ein Wunsch im Vakuum

den meine Seele erfüllt hat
nun bin ich ohne Seele

unser Vater
eine Wunde im Nichts
die mein Durst geheilt hat
nun bin ich ohne Durst

unser Vater
ein Keim in der Leere
den mein Hunger getötet hat
nun bin ich satt

Vom Harz bis Hellas lauter fromme Nihilisten, lauter Ultras der Innerlichkeit, lauter Blinde aus Schuld – Schrekkensvisionen, verscheucht vom kleinen Sommer in der Mani, die Bläue mild, Ilios in Freundlichkeit, eine Pause zwischen den Gezeiten, eine Pause und ein gutes Zureden, eine ganz andere, eine hiesige Frömmigkeit:
Sag, daß du bist. Ja, ich bin. Ja, ich akzeptiere. Ja, ich setze mich, also bin ich. Ich setze mich in die Mitte meiner Welt. Ich bekenne mich zu meiner Geschichte, deren Wurzeln die Mythen sind. Ich bekenne mich zu dem Satz, daß Gott tot sei. Und ich bekenne mich auch zur »Gottessorge«.
So auf mich selbst gestellt, der Lächerlichkeit und den Lachhaften preisgegeben, steige ich in meiner Erinnerung auf die Anhöhe und schaue ringsum über die Landschaften. Ich sehe über den Hängen dieser Landschaften mein Gedächtnis aufflammen. Ich bekenne mich zu meinem Gedächtnis.
Ich memoriere in meinem Gedächtnis die Perlenkette der festlichen Augenblicke. Da war der Augenblick des Blitzes über dem jähen Schneefeld, eh die obersten Gipfel erschienen; da war der Augenblick des Fluges über der Landschaft

voll von Mündern; da war der Augenblick des Eichbaums von Dodona, noch zu jung für die Weissagung;

da war der Augenblick, als die Adler kreisten über den Phaidriaden – und drunten sprang, sein Gestirn erneut zu entzünden, der kalte Funke, der Fisch;

da war der Augenblick bei der Kirche des hl. Nikolaus in der kretischen Schlucht Omalos, von der aus Apollon nach Delphi zog;

da war der Augenblick von Delos, als sich die Insel ins Licht aufhob;

da waren die Augenblicke nie erhoffter Einfälle, die Starre löste sich, die Verkrampfung wich, das erste Wort warf seine Schatten voraus – kleine Verwandte jenes pfingstlichen Augenblicks, wenn Apollon, im Frühjahr, zurückkehrte in sein Haus, die Tore flogen auf, es rauschte bis unter das hohe Dach: »es geistet«, schrieb der alte Kerényi, es geistet:

»Schaut, wie der heilige Sprößling erhebt, der Lorbeer Apollons!
Wie er wanket, der Tempel Phöbos'! entfliehet, entfliehet, Ungeweihte! Schon rauscht er auf der Schwelle des kommenden Gottes,
Tritt; ihm beugt sich mit freundlichem Neigen die Palme von Delos,
Und ihm singt in den Lüften der Schwan mit lieblicher Stimme!
Riegel und Schlösser hemmen nicht mehr die Tore; mit lautem
Krachen springen sie auf ...«

Es geistet. Darauf lassen sich keine Hochhäuser errichten. Damit läßt sich nichts beweisen. Der dritte Ort, welchen Namen er auch tragen mag – das Sein, das Selbst: all die alten kranken Namen – dieser dritte Ort, wie ich ihn meine, brütet keine Theologie aus. Das Wunder, des Glaubens liebstes Kind, fehlt am Platze. Dieser dritte Ort ist kein Ort des Glaubens.

Dieser dritte Ort ist unbewohnbar, und doch kein Abstraktum, denn er ist ganz aufs Hiesige bezogen. Er spendet nicht Trost und nicht Erlösung, er hebt Trost und Erlösung in sich auf; er fordert nicht Bußfertigkeit und nicht Nachfolge. Er ist eine Pause, die Alten hatten viele Namen dafür, oder sie nannten ihn »die vollkommene Harmonie der Seele«! Sie hatten die Erscheinung gesehen, sie hatten die Pause auf der Haut und mit allen Sinnen gespürt, sie sagten, es sei die Sekunde, da das Sein sie ansähe, und sein Blick sei reines Licht.

Schwer davon zu reden im Zeitstrom. Es ist kein Sentiment, kein pseudo-mystischer Schauder – mit der »unio mystica«, wer weiß, nur sehr fern verwandt; es ist eine einfache Erscheinung, es kann die Blume sein, der Baum, der Berggipfel; es kann eine Statue sein, ein Farbfleck, das Licht; nicht viel Aufwand nötig, nicht der Aufwand des Unendlichen, es ist ein Moment, in dem ein Stück Wirklichkeit wirklicher erscheint, indem es an eigener Realität zunimmt; es ist eine Sekunde; für mich ist Hellas voll solcher Sekunden; wo ich sonst nur ahne, in Griechenland ist es wirklich da, im Augenblick, der sich in sich selbst auflöst, als bräche nun die Zeit ein, ein Augenblick, obwohl ganz an die Erde gebunden, doch jenseits von Frage und Antwort, plötzlich außerhalb allen Zweifels, keine Verheißung gegen die offenen Gräber, nicht der erste Herzschlag im Leeren, kein Wort gegen die Moira – es ist eine reine Pause zwischen Schlag und Schlag, es ist »der Augenblick als höchster Gott«.